中國學術思想 研究輯刊

十四編

林慶彰 主編

第 9 冊

董仲舒與儒家文化的普世化
——董仲舒天人思想研究

劉紅衛 著

花木蘭文化出版社

國家圖書館出版品預行編目資料

董仲舒與儒家文化的普世化——董仲舒天人思想研究／劉
紅衛 著－初版－新北市：花木蘭文化出版社，2012〔民
101〕
目 2+156 面：19×26 公分
（中國學術思想研究輯刊 十四編：第 9 冊）
ISBN：978-986-322-019-0（精裝）
1.（漢）董仲舒 2.學術思想 3.天人關係
030.8   101015189

中國學術思想研究輯刊
十四編 第 九 冊   ISBN：978-986-322-019-0

董仲舒與儒家文化的普世化——董仲舒天人思想研究

作　　者　劉紅衛
主　　編　林慶彰
總 編 輯　杜潔祥
出　　版　花木蘭文化出版社
發 行 所　花木蘭文化出版社
發 行 人　高小娟
聯絡地址　新北市永和區中正路五九五號七樓
　　　　　電話：02-2923-1455／傳眞：02-2923-1452
網　　址　http://www.huamulan.tw 信箱 sut81518@gmail.com
印　　刷　普羅文化出版廣告事業
封面設計　劉開工作室
初　　版　2012 年 9 月
定　　價　十四編 34 冊（精裝）新台幣 56,000 元

董仲舒與儒家文化的普世化
——董仲舒天人思想研究

劉紅衛　著

作者簡介

劉紅衛，1971 年 3 月生，陝西省藍田縣人。歷史學碩士，中國哲學碩士、博士。1991 年考入陝西師範大學歷史系，1995 年師從趙吉惠先生於陝西師範大學歷史系讀中國哲學碩士，2003 年師從李景林先生於北京師範大學哲學與社會學學院讀中國哲學博士。主要從事陳白沙心學研究。

提　　要

　　董仲舒建構了以天為核心的宇宙模式，天是董仲舒哲學體系的最高範疇。董仲舒將天分為自然義的天、人格義的天、倫理義的天。自然義的天是董仲舒天體系的基礎，天體系的論述從自然義的天開始，董仲舒借助自然義的天所表現出來的規律以闡釋倫理義的天。自然義的天表現出來的人們難以解釋的不常之變，導向了人格義的天。董仲舒賦予天以「仁」的內涵，人格義的天是董仲舒實現「命以輔義」的關鍵因素。董仲舒「援天端」以貞定德性，賦予天以「仁」的理性內涵，將人們對天的信念與仁、善的理念融會貫通，使儒家文化真正面對最廣大的黎民百姓，實現了儒家文化的「善世化」。

　　董仲舒基本繼承了原始儒學的性善論，董仲舒以天闡釋人性，強調善端與善的區別，提出了人性有「天之內」和「天之外」之分。「性有善質而未能為善」，「善質」是「天之內」，善是「天之外」，由「善質」到善是教化的結果，這是董仲舒儒學一個顯著的特徵。「性有善質而未能為善」，意味著情有歧出為貪欲的自然傾向，這種自然傾向屬於「天之內」。「生之自然之資」存在「貪」的生理傾向，董仲舒強調「義以正我」對教化的作用和意義。董仲舒「援天端」以貞定德性，同時注重對人性本有的仁、義的體悟。「義以正我」強調道德動機的純正，體現在「元」理論上即注重「始」、「微」、「正」，這是《春秋》微言的意義所在。於人心的微妙變化處充塞本然之情歧出為欲，此即「義以正我」對天人秩序的意義。

目

次

緒　論

　　春秋二百四十二年間，禮壞樂崩，弑君三十六，亡國五十二，子殺父者不計其數，傳統的倫理道德遭遇了前所未有的困境。孔子周遊列國，傳播仁學思想，力圖撥亂反正，實現王道的政治理想。西狩獲麟，退而著《春秋》，以待後聖。孟子遊說諸侯，致力於推行仁政，終究未能實現夙願。統一的西漢王朝建立後，爲儒家實現政治理想提供了條件，董仲舒治公羊學，「援天端」以論人事，建構新的儒學理論體系，使儒學進入全新的發展時期，逐漸確立了儒學在中國文化發展史中的主導地位。

　　董仲舒「援天端」以論人事，予天人感應以義理性解釋，正是從這一點出發，許多學者認爲，董仲舒是眞正的儒家。《論衡・案書》云：「仲舒之書，不違儒家，不反孔子。」又《論衡・超奇》云：「文王之文在孔子，孔子之文在仲舒。」這是王充對董仲舒天人哲學中肯的評價。西漢初期，從事儒學的人並不少，但是像董仲舒這樣，在繼承原始儒學的基礎上構建出一個龐大而嚴密的哲學體系的學者並不多，董仲舒是其中的佼佼者。《漢書・五行志》稱其爲「儒者宗」，劉向稱其爲「世儒宗」（《漢書・劉向傳》），二程稱其「最得聖賢之意」，朱熹稱「漢儒惟董仲舒純粹」，又云「仲舒識得本原，如云正心、修身可以治國平天下，如云仁、義、禮、樂皆其具」，「董仲舒所立甚高，恐未易以世儒詆之」，「仲舒本領純正，如說正心以正朝廷，與命者天之令也。以下諸語皆善。班固所謂純儒，極是」〔註1〕。黃震謂「仲舒純儒」〔註2〕。

〔註1〕　袁長江主編，《董仲舒集》附錄四，學苑出版社，2003 年 7 月版，頁 469～477。

〔註2〕　袁長江主編，《董仲舒集》附錄三，學苑出版社，2003 年 7 月版，頁 451。

特別是朱熹的「漢儒惟董仲舒純粹」的論斷，是對董仲舒義理之學最中肯的評價。所謂義理，指在天人體系下，董仲舒對天人感應進行了義理性的解釋，它是通過善惡互動與陰陽交感而形成天人之間的道德性感應，「美祥」與「災異」並非「神喻」，而是一種義理性象徵。

一、西漢初年確立儒家文教的歷史背景

《春秋》的政治理想是王道，「孔子明得失，差貴賤，反王道之本」（《春秋繁露·王道》），董仲舒治公羊學，闡述的正是王道的政治理想。何為王道？《春秋繁露·王道》云：

> 五帝三王之治天下，不敢有君民之心。什一而稅。教以愛，使以忠，敬長老，親親而尊尊，不奪民時，使民不過歲三日。民家給人足，無怨望忿怒之患，強弱之難，無讒賊妬疾之人。民修德而美好，被髮銜哺而遊，不慕富貴，恥惡不犯。父不哭子，兄不哭弟。毒蟲不螫，猛獸不搏，抵蟲不觸。故天為之下甘露，朱草生，醴泉出，風雨時，嘉禾興，鳳凰麒麟遊於郊。囹圄空虛，畫衣裳而民不犯，四夷傳澤而朝，民情至樸而不文。

王道在政治、經濟、文教等各個方面都是理想的、完美的，是西周以後知識分子嚮往的樂土。在董仲舒的王道觀中，更多地呈現出一種和諧的秩序，在這種和諧的秩序中，政治、經濟、文教才能臻於完美。

王道政治的秩序因為人心的微妙變化，在西周末年已經趨於衰微，到春秋時期已經形成禮壞樂崩的局面。孔子力圖改變以亂濟亂的惡性循環，作《春秋》以褒貶善惡，期待後聖以撥亂反正。春秋時期，諸侯爭霸，假借仁義的旗號以粉飾戰爭，荀子稱其為「依乎仁而蹈利者」（《荀子·仲尼》）。到戰國時期，崇尚功利的風氣愈演愈烈，時風日漸薄靡。秦國以法治理論作為立國之本，其崇尚功利的觀念對秦國統一六國起到過積極的作用；但秦朝建立後，崇尚功利所蘊涵的進取精神因其本身具有的利欲觀念，在戰爭結束以後並沒有得到及時的消解，由此形成統治階級窮奢極欲的腐化生活，進而加重了對黎民百姓的殘酷剝削。法治思想中的積極因素在君主極權統治下逐漸喪失，法治逐漸淪落為統治黎民百姓的工具，最終導致農民起義的爆發。董仲舒評價秦國及秦朝的文化時說：

> 師申商之法，行韓非之說，憎帝王之道，以貪狼為俗，非有文德以教訓於天下也。誅名而不察實，為善者不必免，而犯惡者未必刑也。

是以百官皆飾虛辭而不顧實，外有事君之禮，內有背上之心，造偽
飾詐，趣利無恥；又好用憯酷之吏，賦斂亡度，竭民財力，百姓散
亡，不得從耕織之業，群盜並起。是以刑者甚眾，死者相望，而奸
不息，俗化使然也。（《漢書・董仲舒傳》）

董仲舒的評價包含了兩層含義：其一，法治作為一種文化形態，以好利惡害
的人性為基礎，強調法對人性的制約作用，而忽略了人性自身道德理性的要
求，與人性本身具有的道德理性相矛盾，賈誼稱之為「終不知反廉愧之節，
仁義之厚」（《漢書・賈誼傳》），這決定了法治與人性的衝突在特定的歷史條件
件下必然惡性發展。其二，秦國推行的法治，在秦朝建立後，由於歷史條件
發生了變化，法治的對象及本質也發生了變化。秦國推行法治的目的在於爭
霸及統一戰爭，以現實的功利性充分調動秦國民眾的積極性，從而在相當程
度上發掘了人性所具有的能量，使秦國在統一戰爭中佔據了優勢。秦朝建立
後，由於六國的滅亡而使法治失去了能量疏導的渠道，法治所蘊涵的功利性
轉化成統治階級對黎民百姓窮奢極欲的盤剝和壓榨，各級官吏巧取豪奪，上
行下效，導致民風日益敗壞，董仲舒稱之為「民俗使然也」。秦朝滅亡後，發
生了四年的楚漢戰爭，社會仍然處於混亂之中，秦朝的遺俗延續至西漢初年。
賈誼概括了西漢初年的社會風氣，他說：「曩之為秦者，今轉而為漢矣，然其
遺風餘俗，猶尚未改。今世以侈靡相競，而上亡制度，棄禮誼，捐廉恥，日
甚，可謂月異而歲不同矣。逐利不耳，慮非顧行也，今其甚者殺父兄矣。」（《漢
書・賈誼傳》）董仲舒也說：「自古以來，未嘗有以亂濟亂，大敗天下之民如
秦者也。其遺毒餘烈，至今未滅，使習俗薄惡，人民囂頑，抵冒殊扞，孰爛
如此之甚者也！」（《漢書・董仲舒傳》）

漢武帝統治時期，豪強地主具有相當大的勢力，他們官居顯位，飛揚跋
扈，對老百姓巧取豪奪，大量兼併土地。漢武帝任用張湯、杜周等酷吏殘酷
鎮壓豪強地主，但也造成了很多冤案。西漢的路溫舒認為重用獄吏僅僅是權
宜之計，並非治理國家的根本政策。他說：「今治獄吏則不然，上下相敺，以
刻為明；深者獲公名，平者多後患。故治獄之吏皆欲人死，非憎人也，自安
之道在人之死。……夫人情安則樂生，痛則思死。棰楚之下，何求而不得？
故囚人不勝痛，則飾辭以視之。……是以獄吏專為深刻，殘賊而亡極，偷為
一切，不顧國患，此世之大賊也。」（《漢書・賈鄒枚路傳》）重用獄吏，在嚴
刑拷打下，往往造成犯人的道德扭曲，這是傷害德教、風化的大害。所以董

仲舒說：「今廢先王德教之官，而獨任執法之吏治民，毋乃任刑之意歟！」（《漢書・董仲舒傳》）又說：「今廢先王之德教，獨用執法之吏治民，而欲德化被四海，故難成也。」（《漢書・禮樂志》）董仲舒中肯地批評了漢武帝爲政的時弊，指出西漢建國以來之所以沒有達於治世，就在於沒有實行仁政教化，這是治理國家的根本。他說：「今陛下貴爲天子，富有四海，居得致之位，操可致之勢，又有能致之資，行高而恩厚，知明而意美，愛民而好士，可謂誼主矣。然而天地未應而美祥莫至者，何也？凡以教化不立而萬民不正也。夫萬民之從利也，如水之走下，不以教化隄防之不能止也。是故教化立而姦邪皆止者，其隄防完也；教化廢而姦邪並出，刑罰不能勝者，其隄防壞也。古之王者明於此，是故南面而治天下，莫不以教化爲大務。」（《漢書・董仲舒傳》）董仲舒關於人性的表述，與荀子有相同之處，又有很大的不同。相同之處在於兩者都承認人性有趨利的一面，都主張通過教化改變人性，使之達於善。但在對教化的理解上，兩者有本質的區別。荀子從現實生活中客觀存在的惡出發，認爲情必然歧出爲貪欲，主張通過禮來制約人性，強調禮對人性的強製作用。董仲舒則與之相反，他的道德認知途徑基本上與孟子相同，主張發掘人性本有的善質，通過啓發、教育的方式，使人性所透顯的善端、善質擴充爲善。董仲舒的人性理論，道德理性的要求與社會教化的需求是一致的，因此，教化是達於治世的根本途徑。

針對秦朝的遺毒餘烈，董仲舒提出了「更化」理論。何爲「更化」？「更化」即推行仁、義、禮、智、信五常之道，實際即推行儒家的仁政，「夫仁、義、禮、智、信五常之道，王者所當修飭也」（《漢書・董仲舒傳》）。王道的政治理想，雖然經歷了世事變亂，但其思想脈絡一直延續不斷。孔子著《春秋》，確立了「撥亂世反諸正」的宗旨。此後，無論是《穀梁傳》還是《公羊傳》，都以復興王道爲理想。歷史發展到西漢初年，統一王朝的建立爲儒學復興提供了條件。秦朝的滅亡促使學者重新審視儒學的價值，儒學以何種方式適應西漢統一王朝的實際需要，以何種途徑推陳出新，以何種途徑克服孔、孟原始儒學的體悟性特徵所造成的儒家文化在「普世化」上的難題，成爲西漢初年學者思考的焦點。賈誼曾經提出五常之道「人爲」的觀點，賈誼曰：

> 夫立君臣，等上下，使父子有禮，六親有紀，此非天之所爲，人之所設也。夫人之所設，不爲不立，不植則僵，不修則壞。……秦滅四維而不張，故君臣乖亂，六親殃戮，姦人並起，萬民離叛，凡十

三歲，社稷爲虛。今四維猶未備也，故姦人幾幸，而眾心疑惑。豈如今定經制，令君君臣臣，上下有差，父子六親各得其宜，姦人亡所幾幸，而群臣眾信，上不疑惑！此業一定，世世常安，而後有所持循矣。若經制不定，是猶渡江河亡維楫，中流而遇風波，船必覆矣。可爲長太息者此也。（《漢書・賈誼傳》）

賈誼明確指出重新確立社會秩序在於「定經制」，「定經制」乃「人之所設」，而「非天之所爲」。從確立儒家學說的地位及實施仁政而言，賈誼的觀點與原始儒學關於仁政的觀點沒有多大的區別，所不同之處在於，賈誼在西漢初年的特殊歷史環境下強調「經制」的重要性。相對於原始儒學而言，賈誼的觀點並沒有推陳出新的內容，因而沒有引起統治者的注意。董仲舒治公羊學，他從《春秋》之微言大義所透顯出的秩序出發，「援天端」以論人事，形成了天人秩序的系統理論。在西漢「一統」的歷史條件下，儒學借助政權的力量，以天作爲依託，通過「命以輔義」的途徑，實現了儒家文化在「一統」歷史條件下的「普世化」，即成爲中華民族所認可的統一性的文化形態。

司馬遷評價《春秋》時說：「《春秋》辨是非，故長於治人。」（《史記・太史公自序》）「治人」即善於梳理人事秩序。仁學即關於人的學問，仁主通潤，由「親親」到「仁民」，再達於「愛物」。通潤不是沒有原則的通潤，它需要以義作爲通潤的原則、秩序，仁義相互依存、相互貫通，不可分割地構成人性的本質。孔子、孟子論仁義，是從人性的本質出發，以探討人性本有的秩序。人性本有的秩序落實到現實社會中，司馬遷把它表述爲「人事之紀」，太史公曰：「夫《春秋》，上明三王之道，下辨人事之紀，別嫌疑，明是非，定猶豫，善善惡惡，賢賢賤不肖，存亡國，繼絕世，補敝起廢，王道之大者也。」（《史記・太史公自序》）「人事之紀」即「別嫌疑，明是非，定猶豫，善善惡惡，賢賢賤不肖」，這是《春秋》「長於治人」的基本內容。「人事之紀」是司馬遷對「《春秋》長於治人」的理解，而《春秋》本身所表述的是微言大義，如荀子曰：「禮之敬文也，樂之中和也，詩書之博也，春秋之微也。」（《荀子・勸學》）漢代學者對微言大義的理解主要表現在別上下、尊卑、賢不肖、善惡等幾個方面。如《公羊傳・閔公二年》何休注：「《春秋》謹於別尊卑，理嫌疑，故絕去使文，以起事張例，則所謂君不使乎大夫也。」寓上下、尊卑、賢不肖、善惡於微言大義之中，由於其「微言」的特徵，尚不能形成明確而清晰的理論系統。如蘇輿所言：「天不言而四時行，聖人體天之言，而不

能儘其意。所謂心之精微，口不能言，言之微眇，書不能文也。之類《春秋》者，窺其微以驗其著，庶幾得彷彿耳。」（《春秋繁露義證·俞序》）「心之精微，口不能言，言之微眇，書不能文」，學者從《春秋》的字裏行間體驗到的是一種關於「心之精微」的隱晦的表述，結果是「庶幾得彷彿耳」。董仲舒說：「《春秋》記天下之得失，而見所以然之故。甚幽而明，無傳而著，不可不察也。」（《春秋繁露·竹林》）學者讀《春秋》，實際上是與孔子進行精神交流，以精微之心體驗《春秋》「心之精微」，所以董仲舒稱《春秋》大義「甚幽而明」，對領悟能力有所欠缺的人而言，《春秋》大義就隱而不顯。董仲舒治公羊學，援天端以論人事，《春秋繁露》借天道秩序論述人事秩序，目的就在於使人事秩序由「幽」至「明」，融《春秋》大義所蘊涵的別上下、明尊卑、賢賢賤不肖、善善惡惡的秩序於天人秩序之中，從而形成一個清晰而明確的天人秩序體系，使《春秋》的事例轉化成天人秩序的義理。蘇輿《春秋繁露義證·竹林》引陸農師《答崔子方書》云：「其設方立例，不可以一方求，亦不可以多方得，譬如天文森布，一衡一縮，各有條理，久視而益明。……故曰：『詩無達詁，易無達吉，春秋無達例。』」《春秋》雖無達例，卻能在義理上達於同一，即「得一端而多連之，見一空而博貫之」（《春秋繁露·精華》）。義理通過「援天端」的方式，則以物質化的形態展現出來，即通過天地之間、陰陽之間、五行之間的對立統一秩序展現出來，從而使人事秩序成爲切實可以感受得到、可以充分把握的物質化原則。「《春秋》之道，奉天而法古」，「奉天」即援天端，以天道論人事。「法古」即法聖人，「天地神明之心，與人事成敗之眞，固莫之能見也，唯聖人能見之。聖人者，見人之所不見者也。故聖人之言，亦可畏也」（《春秋繁露·郊語》），聖人能體天道，故「《春秋》之道，奉天而法古」。春秋戰國亂世，之所以以亂濟亂，就在於人事秩序已經失去了共同認可的原則、規矩，上下僭越，尊卑無序，才造成禮壞樂崩的局面。如何能重新確立人道秩序的規矩、六律？董仲舒曰：「天不變，道亦不變。」（《漢書·董仲舒傳》）「援」不變之天道以規定人事之規矩、六律，則能作到「正方圓」、「定五音」。

二、董仲舒「援天端」以論人事，建構新的儒學體系

西漢建立之初，重新確立傳統道德的威信成爲當務之急，學者從不同的角度闡述了道德重建理論。戰國時期關於人性問題的爭論，曾經出現過很多

派別，概而言之，主要有「性善」、「性惡」、「性無分善與惡」、「性有善有惡」、「人性有善與不善」等五種觀點。孔子認爲人性的本質是仁，孟子認爲人性的本質是善，儒家的道德倫理觀念因切近人性本質而具有相對於其他四種人性理論的優越性，建立在性善論基礎上的儒學也成爲春秋戰國時期的「顯學」；但是，在感性欲念的衝擊下，孔子、孟子體悟性道德實踐方式並沒有使儒家道德觀念的優越性充分體現出來，在禮壞樂崩的歷史條件下，道德理性的追尋陷入了迷茫。春秋時期，爲政方式的轉變從某種意義上表徵著道德觀念的轉變。王道是儒家的政治理想，王道理論體系下儒家道德觀念的核心是仁、義。春秋時期，諸侯國普遍實行霸道，霸道是功利思想在政治上的體現，荀子稱霸道是「依乎仁而蹈利者也」（《荀子‧仲尼》）。法家推行的法治是「好利惡害」的人性觀念在政治上的體現，法治克治了禮壞樂崩社會環境下人性呈現出來的弊端，從現實的政治效果上看，法治確實推動了諸侯國政治的發展，特別是秦國在法治理論指導下統一了六國。但是，法治對「好利惡害」的人性觀念的肯定，實際上是對人性本具的仁義的否定，從而否定了人性的倫理、文教內涵。法治雖然在實際的政治生活中，在一定的時期內，取得了顯赫的政治效果，但司馬談卻稱法治爲「可以行一時之計，而不可常用也」（《史記‧太史公自序》），秦朝的滅亡正好說明了這一點。西漢初年，學者嘗試重新樹立傳統倫理道德的威信，仍需要從人性的倫理、文教內涵入手。西漢初年儒家文化的復興既是道德理性自我選擇的結果，也是歷史發展的必然。

儒家文化怎樣才能重新樹立威信？不同的學者提出了不同的理論。無論是那一種觀點，要在原始儒學的基礎上有所發展，必須既要繼承原始儒學逆覺體證的特徵，又要實現儒家文化在當時歷史條件下的「普世化」。在重新樹立儒家道德倫理的威信的理論建構上，賈誼和董仲舒提出了完全不同的兩種觀點，賈誼主張以人爲核心，重建儒家道德倫理體系；董仲舒則主張以天爲核心重建儒家道德倫理體系。賈誼強調在儒家倫理體系重建過程中人的主觀能動性，即以人的理性認識能力去理解、實踐儒家的道德倫理；董仲舒則強調借助天的權威性以表述道德的至上性，借助天以達到「命以輔義」的目的。毫無疑問，董仲舒的道德理論體系是在總結了先秦時期儒家道德倫理發展規律的基礎上，針對切膚之痛的歷史教訓，就儒家人性理論本身具有的道德先驗根據的理論而創立的一套全新的體系。

　　原始儒學的人性理論，由於它的體悟性特徵，影響了儒家文化的「普世化」。對於廣大的黎民百姓而言，由於受教育的機會有限，他們的道德意識往往停留在日常道德教育的層次上。雖然儒家倫理道德的體悟性特徵常常以「良知」的形式出現在人們的意識中，但這是一種潛意識的道德體證，即對道德先驗根據的認識處於「百姓日用而不知」的境地。無法體證道德的先驗根據，道德就無法自上而下得以貞定，人性在利欲的引誘下容易產生對道德至上性的質疑，從而在特定的情境下做出違背道德倫理的行爲。董仲舒提出了「命以輔義」的天人體系，借助天道以論人事，通過「天者，仁也」的表述方式，以天的權威性闡釋道德的至上性。天在普通人的心中是一個極其熟悉而又易於接受的概念，以天在人們心中不可移易的權威性來貞定德性，從而實現儒家文化的「普世化」，這是董仲舒建構天人體系的眞正目的。與此同時，董仲舒通過「性有善質而未能爲善」及「義以正我」等對道德本原的表述，繼承了原始儒學的體悟性特徵。董仲舒建構的「新儒學」，「新」在兩個方面容：其一，董仲舒借助天道以論人事，建立了儒學總體性宇宙世界觀──天人體系；其二，董仲舒實現了儒家文化的「普世化」，從而眞正確立了儒學在中國文化史上的主導地位。

　　孔子通過日常生活中呈現的仁，教誨弟子以「吾道一以貫之」的途徑達於全德之仁。孟子由善端擴充至善，由血緣親情擴充至仁。很顯然，原始儒學存在一個本體的概念，維繫了儒學作爲一種哲學的形上性、純粹性。西漢初年的學者想要在原始儒學的基礎上獲得發展，必須繼承原始儒學關於本體的觀念。董仲舒以天道論人事，以天作爲基礎建立天人體系，天作爲萬事萬物、人倫道德的本原，必然作爲本體而存在。天的本體內涵是通過倫理義的天呈現出來的。原始儒學與董仲舒的儒學在本體的表述上，有著明顯的區別。原始儒學重在對本體的體悟，董仲舒的儒學則重在對本體的闡釋。董仲舒對本體的闡釋，可以從兩個方面來理解：其一，董仲舒以在人們信念中至高無上的天作爲本原，闡釋仁、善的本原性、先驗性。其二，董仲舒以天的權威性闡釋道德的至上性。董仲舒的儒學重在對本體的闡釋，由此可以看出，他建構天人體系的目的在於「援天端」以實現儒家文化的「普世化」。

三、命以輔義

　　「命以輔義」一詞出自程顥，本文借用該詞闡釋董仲舒建構天人體系的

意義。程顥在論述「樂天知命」時說：「『樂天知命』，通上下之言也。聖人樂
天，則不須言知命。知命者知有命而信之者爾。『不知命無以爲君子』是矣。
命者所以輔義。一循於義，則何庸斷之以命哉？若夫聖人之知天命則異於
此。」〔註3〕程顥認爲「知命」可以上下講，聖人是「生而知之者」，如孟子
言「堯舜，性之也」，聖人「知命」之「命」即「內在地包含普遍性之超越義
和道德法則的至善義」的天命〔註4〕，此爲上講；「知命者知有命而信之者」，
此爲下講，指人受氣命的限制，達於「超越義和道德法則的至善義」的天命
需要有一個道德修爲的過程，「知命」即是通過道德體驗由氣命達於「超越義
和道德法則的至善義」的天命。牟宗三先生說：「天命所帶之氣化若落下來，
即成氣命之命，……此兩種命實可相通。落下來落實說即是『知命』之命，
提起來通上去說即是『知天命』之命。」〔註5〕由氣命達於天命，以天命貞定
氣命，此即「命者所以輔義」的含義。「命者所以輔義」之「命」是「超越義
和道德法則的至善義」的天命，能體悟到此天命，則能達致「命者所以輔
義」；但是，廣大的黎民百姓往往難以達致此天命，因而「天命」也不能起到
「輔義」的作用。董仲舒將「超越義和道德法則的至善義」的天命轉化爲人
格義、倫理義的天命，通過「天者，仁也」的表述方式，將仁、善的理念與
人們對天的信念融合在一起，從而達到「命以輔義」的目的。雖然董仲舒天
人體系下的「命以輔義」與程顥的「命者所以輔義」的內涵不同，但都達到
了以天命貞定德性的效果。董仲舒通過「命以輔義」實現了儒家文化的「普
世化」。

　　董仲舒建構天人體系的目的在於「命以輔義」，借助天命以表述德性，所
以他特別強調「尊神」的意義。董仲舒分析了天之所以「神」的原因，《春秋
繁露・天地之行》云：「天地之行美也。是以天高其位而下其施，藏其形而見
其光，序列星而近至精，考陰陽而降霜露。高其位所以爲尊也，下其施所以
爲仁也，藏其形所以爲神也，見其光所以爲明也，序列星所以相承也，近至
精所以爲剛也，考陰陽所以成歲也，降霜露所以生殺也。」「藏其形所以爲神」
即說天無形無狀而具有鬼斧神工的功用，這是天之所以「神」在人們心中的
普遍印象，正是由於此「神」的作用，使人產生了敬畏之心。董仲舒闡釋了

〔註3〕《二程集》卷十一，中華書局，1987年7月版，頁125。
〔註4〕李景林，《教養的本原》，遼寧人民出版社，1998年6月版，頁291。
〔註5〕牟宗三，《心體與性體》中卷，上海古籍出版社，1999年12月版，頁67。

「尊神」的意義，他說：

> 體國之道，在於尊神。尊者所以奉其政也，神者所以就其化也。故
> 不尊不畏，不神不化。夫欲爲尊者在於任賢，欲爲神者在於同心，
> 賢者備股肱則君尊嚴而國安，同心相承則變化若神，莫見其所爲而
> 功德成，是謂尊神也。（《春秋繁露·立元神》）

「神者所以就其化」之「化」，是教化的意思，借助「神」使人產生的敬畏
感，通過「天者，仁也」的表述方式，在人們心中培植仁、善的道德信念，
以達到教化的目的，這是「尊神」的意義所在，也就是「欲爲神者在於同
心」的含義。人心向善，遵從陽尊陰卑的社會秩序，此是同心，同心則政令
若一。遵從的是天，達致的是教化，此即所謂「莫見其所爲而功德成」。「尊
神」之所以能夠達到教化的目的，歸根結底還在於由「尊神」所產生的對天
的信念，一種天能賞善罰惡、人人能夠得到天的眷顧的的信念，此信念即以
天爲「本」的觀念。

　　人們對自然義的天表現出來的奇異的自然現象無法理解時，產生了對天
的神秘感，並由此產生了天有意志，能主宰人類社會的認識。人們對某些
人生、社會的變化認識模糊，往往知其然而不知其所以然，對人生、社會某
些問題發生的必然性、偶然性，以及必然性與偶然性的關係，缺乏辨證的
認識，把一切看作是必然發生的，對這種必然性的現實基礎，又茫無所知，
所以一切都歸結爲「天命」作用的結果。孔子「五十而知天命」的「天命」，
是人文性的天命。此天命因爲帶有道德倫理的內涵而具有了體悟的特徵，具
有體悟的奧妙。對常人而言，體悟此天命也可以產生對天的神秘感。由於
天的意志性、神秘性，人們產生了對天的敬畏感，並由此衍生了對天作爲
道德倫理本原的「誠信」或者「信念」，相信天能夠賞善罰惡。董仲舒借天
道以論人事，借助天的權威重新樹立道德威信，正是基於此「誠信」、「信
念」。

　　原始儒家注重體悟對道德倫理的意義，但道德倫理的體悟是一個處於文
化高端的概念，對很少有機會接受文化教育的廣大黎民百姓而言，體證完全
是處於他們生活之外的概念，因而不具有廣泛性。就知識階層而言，道德倫
理的體證與個人的生活經歷、體驗、悟性密切相關，並非每個人都能體悟到
道德的先驗根據，因而德性無法得到貞定。正是在這樣一種道德倫理背景
下，春秋二百四十二年之間，「弒君三十六，亡國五十二」，子殺父者不計其

數，最終導致道德倫理體系的崩潰。司馬遷認爲，「察其所以，皆失其本」（《史記・太史公自序》），「本」即人性之本，指仁、善。基於此，董仲舒提出了「聖者法天」的主張：

> 是故雖有巧手，弗修規矩，不能正方圓。雖有察耳，不吹六律，不能定五音。雖有知心，不覽先王，不能平天下。然則先王之遺道，亦天下之規矩六律也。故聖者法天，賢者法聖，此其大數也。得大數而治，失大數而亂，此治亂之分也。（《春秋繁露・楚莊王》）

以倫理義的天、天命爲外在的規範，作爲人事效法的榜樣，董仲舒借助天來表述道德倫理，即「《春秋》之道，奉天而法古」（《春秋繁露・楚莊王》）。天在人們心目中具有作爲「本」的無可替代的信念，此信念面向所有人敞開，不論他是擁有萬貫家財、位居人上的貴族，還是不名一文的貧民。以倫理義的天闡釋德性，天提供給我們的是人事行爲的「規矩」、「六律」，「規矩」、「六律」強調在天命、天道體系下道德倫理秩序的客觀性。

　　具體地講，董仲舒以天道論人事的方式是「援天端」。董仲舒治公羊學，他認爲「援天端」也是《春秋》的思想。《春秋繁露・正貫》云：

> 《春秋》，大義之所本耶？六者之科，六者之指之謂也。然後援天端，布流物，而貫通其理，則事變散其辭矣。故志得失之所從生，而後差貴賤之所始矣。論罪源深淺，定法誅，然後絶屬之分別矣。立義定尊卑之序，而後君臣之職明矣。

「援天端」以表述《春秋》大義，以「差貴賤」、「定法誅」、「定尊卑之序」、「明君臣之職」，這正是天人關係的宗旨所在。「援天端」主要有三層含義：其一、「援天端」以表述道德倫理的本原、本質，如「天者，仁也」，「天生民性有善質」等；其二、「援天端」以明天子受命，《公羊傳・隱公元年》何休注：「文王，周始受命之王，天之所命，故上繫天端，方陳受命，制正月，故假以爲王法。」又云：「王者始受命改制，布政施教於天下，自公侯至於庶人，莫不一一繫於正月，故云政教之始。」其三、「援天端」以正人倫之義，即正人事秩序，這是公羊學的核心思想。《公羊傳・隱公元年》徐彥疏曰：「《春秋說》云：『王不上奉天文以立號，則道術無原，故先陳春而後言王。天不深正其原，則不能成其化，故先起元，然後成春矣。』」董仲舒繼承了《春秋說》這一思想，他說：「臣謹案《春秋》之文，求王道之端，得之於正。正次王，王次春。春者，天之所爲也。正者，王之所爲也。其意曰，上承天之所爲，

而下以正其所為,正王道之端云爾。」又說:「仲尼之作《春秋》也,上探正天端王公之位,萬民之所欲,下明得失,起賢才,以待後聖。」(《春秋繁露‧俞序》)董仲舒強調「援天端」以正人倫秩序,無疑是鑒於春秋亂世臣弒君、子殺父的切膚之痛。董仲舒雖然面對統一的西漢王朝,但歷史的教訓及對人倫文化造成的傷害不得不使他在新的歷史條件下重新審視人倫秩序對統一的漢王朝的重要意義,這是《春秋繁露》的宗旨之一。

董仲舒「援天端」以論人事,最終落實於「道」。「道」在董仲舒的天人體系中是一個貫通了天與人的概念。就天而言,首先,道是天仁、善本質的體現,或者說道即仁、善;其次,道是天道,是天的發展變化規律,它通過陰陽、五行等因素呈現自身。就人而言,道既是人的本質,又是人類社會不可變更的發展規律,它體現在道德倫理方面,是三綱五常;它體現在人倫秩序上,是「德序」;他體現在政治理論上,是王道、仁政。董仲舒「援天端」以論「道」,旨在闡釋道的絕對性、永恆性。他說:「道之大原出於天,天不變,道亦不變。」(《漢書‧董仲舒傳》)天是道的本原,這說明在董仲舒所建構的宇宙世界觀中,天是終極性的,道是天之道,天永恆不變,道亦永恆不變。論及人事,道亦恒久不變,遭逢亂世,只不過是「道之失」,「夫樂而不亂復而不厭者謂之道,道者萬世亡弊,弊者道之失也」(《漢書‧董仲舒傳》)。道雖然永恆不變、萬世長存,但他需要統治者通過為政呈現出來,方才是真實的道。所謂「道之失」指統治階級窮奢極欲,人欲蒙蔽了道的呈現。「天不變,道亦不變」的思想,對中國傳統文化產生了深遠的影響,在士階層文化中,在漫長的歷史長河中逐漸形成一種恪守祖訓的理念,清朝末年,甚至成為反對改良的思想根源。在普通百姓心中,「天不變,道亦不變」則演化為對天、天道的信念,這是中國封建社會存在長達二千多年的根本原因之一。毫無疑問,「天不變,道亦不變」的思想,對穩定社會秩序,對中國傳統文化的傳承及其連續性起到了十分重要的作用,這正是董仲舒「援天端」所要達到的目的。

董仲舒「援天端」以貞定德性,同時實現了「人能弘道」與「道能弘人」的雙重效果。孔子說:「人能弘道,非道弘人。」(《論語‧衛靈公》)朱熹注曰:「弘,廓而大之也。人外無道,道外無人,然人心有覺,而道體無為,故人能大其道,道不能大其人也。」(《四書集注》)「廓而大之」即擴充之意。孔子從日常生活中呈現的具體的「仁」當下誨悟弟子,通過融會貫通,達於

「吾道一以貫之」。融會貫通而有所領悟即「廓而大之」，此亦孟子由血緣親情擴充至仁、由惻隱之心擴充至善之意。《論語集解》引王肅云：「才大者道隨大，才小者道隨小，故不能弘人。」劉寶楠《論語正義》云：「道隨才爲大小，故人能自大，其道即可極仁聖之詣，而非道可以弘人。故行之不著，習矣不察，終身由之而不知其道，則仍不免爲眾。」王肅與劉寶楠的解釋基本相同，兩人都認爲道是通過個人的修爲呈現出來的，個人的道德境界越高，照亮周圍世界的範圍就越廣。當一個人無法體悟「道」的時候，道也無法在他的思想中產生作用，無法促使他成爲純粹的道德意義上的人，此即「非道弘人」的意思。張載以「檢」字表述「性」對人的作用，以闡釋「非道弘人」的含義。他說：「心能盡性，『人能弘道』也。性不知檢其心，『非道弘人』也。」〔註6〕「檢」可以理解爲豁醒，「檢其心」即豁醒人心。「心能盡性」即「盡心知性」，經由逆覺體證而達於本心性體。達於本心性體，即是人心呈現本心性體，此爲「人能弘道」。牟宗三先生將性體的存在方式分爲「對其自己」與「在其自己」，「性是客觀性原則，自性原則。就性體自身言性體之在其自己是性體的客觀性，性體之對其自己是性體的主觀性。性體之在其自己是性體之自持、自存，性體之逴挺持體。性體之對其自己是性體之自覺，而此自覺之覺用即心也。」〔註7〕「心能盡性」指性體「對其自己」，故能逆覺體證。性體之「在其自己」僅僅是邏輯上的自持、自存，它自身並不能豁醒人心。牟宗三先生對張載的話作了進一步的解釋，「心能盡性」是從道德實踐的角度講人格的完成，這是心主觀地、存在地、眞切地呈現性的過程，即「道德實踐地說的道德本心即是主觀性原則、形著性原則，具體化原則」。「性不知檢其心」的「性」是客觀地、本體宇宙論地說的性，牟宗三先生將「檢」解釋爲「定義」、「察義」，「定」是貞定，「察」是豁醒，客觀存在的、本體宇宙論地的性本身並不能豁醒人心，「此性體若無主觀地、存在地說的道德本心之眞切覺用或眞實呈現來形著之，它祇是自存、潛存，而不能起任何作用，此即所謂『性不知檢其心』，亦孔子所謂『非道弘人也』」，從「心能盡性」的角度講，「人能弘道」與「道能弘人」是相互貫通的，在體驗、證悟道的過程中，道的內涵同時貫注於人心，人格即得到昇華。如果心不能盡性，則性是自存，「人能弘道，道自能弘人。人不能弘道，則道雖不爲堯存，不爲桀亡，亦不能彰顯

〔註6〕《張載集》，中華書局，1978年8月版，頁22。
〔註7〕牟宗三，《心體與性體》上冊，上海古籍出版社，1999年12月版，頁457。

也。不能彰顯，即不能起作用」。〔註8〕

由張載、牟宗三對「人能弘道」與「非道弘人」的理解來看，孔子的關注點在「人能弘道」上，這也代表了先秦時期對人與道關係的普遍看法。以孔、孟爲核心的原始儒家，是先秦時期「弘道」的主體，韓非稱儒學爲「顯學」。雖然孔子、孟子周遊列國，宣傳儒家的王道、仁政，但始終未能眞正取得各國當政者的青睞。究其原因，主要有兩個方面的問題：其一、儒學關於仁、善的概念帶有濃厚的體悟性特徵，由於黎民百姓接受文化教育的機會有限，從而阻礙了儒家文化的「普世化」，儒家文化並未眞正成爲民眾化的文化。其二、孔子、孟子所處的時代，諸侯忙於爭霸、兼併戰爭，時局所限，注重功利而輕仁義，從而影響了儒學的政治實踐。

西漢建國之後，統一的王朝爲儒學的政治實踐提供了社會條件，董仲舒重新建構儒學理論體系，「援天端」以論人事，通過「天者，仁也」的表述方式，將人們誠敬天的信念與仁、善融會貫通，從而將人們對仁、善的觀念轉化成對天的信念，使「以道弘人」變成現實。「天者，仁也」，「天生人有善質，而未能善」，仁與善不僅是體悟性的實存，而且是由天到人的「直貫」，因爲人們對天的虔誠信念，仁、善亦成爲無須思考而約定成俗的信念。特別是在普通黎民百姓的心中，善有善報、惡有惡報無疑與天能賞善罰惡的觀念聯繫在一起的，善有善報、惡有惡報是對天虔誠的信念，從哲學的角度講，亦即仁、善是對天虔誠的信念。借助天確立仁、善的信念，不僅對於充斥人的心靈具有先入爲主的效果，而且還可以以對天的信念貞定德性，實現儒家道德倫理的「普世化」。

誠然，董仲舒天人體系下「命以輔義」性質的「以道弘人」的「弘」與孔子所謂的「非道弘人」的「弘」在本質上不是同一個概念，但前者無疑取得了儒家文化「普世化」的實際效果，此即董仲舒「以道弘人」的意義。當然，董仲舒的道德倫理觀並非僅僅停留在民眾化的層面，它包含了三個層次：天命、教化、度制。董仲舒說：

> 天令之謂命，命非聖人不行；質樸之謂性，性非教化不成；人欲之謂情，情非度制不節。是故王者上謹於承天意，以順命也；下務明教化民，以成性也；正法度之宜，別上下之序，以防欲也。修此三

〔註 8〕牟宗三，《心體與性體》上冊，上海古籍出版社，1999 年 12 月版，頁 456～457。

者，而大本舉矣。(《漢書‧董仲舒傳》)

在天命層面，董仲舒要達到的目的是「援天端」以論人事，重新樹立儒家道德倫理的威信，實現儒家倫理道德的「普世化」；在教化層面，董仲舒通過「天生民有善質，而未能善」及「義以正我」繼承了原始儒學對本心性體的體悟特徵，從而保持了儒學作為哲學的純粹性；在制度層面，董仲舒強調習俗，特別強調禮制在個人道德培養過程中潛移默化的作用。

董仲舒「援天端」以論人事，通過「天者，仁也」的表述方式，將人們對天的虔誠信念與仁、善的理念融會貫通，在西漢「一統」的歷史條件下，確立了儒學在政治、文化上的主導地位，實現了儒家文化的「普世化」。本文將從天人體系、人性論、元理論體系、天人感應立論，闡釋董仲舒「援天端」、「命以輔義」的天人思想。

第一章　天人體系

　　董仲舒建構了以天爲核心的宇宙模式，天具有自然、人格、倫理三重含義。自然義的天是天體系的基礎，倫理義的天是天體系的核心，人格義的天是達致「命以輔義」的關鍵因素。天道秩序及天人秩序是通過天地之間、陰陽之間、五行之間的相互作用表現出來的，天尊地卑是天道秩序的基礎，陰陽、五行是確立天道秩序的基本因素。董仲舒「援天端」以論人事，將天地之間、陰陽之間的尊卑關係及陰陽之間、五行之間相互作用的理論應用於人事，確立了人事秩序。天道秩序貫通於人事秩序，形成了「一統」的天人體系。

第一節　天的三重含義

　　董仲舒建構了以天爲核心的宇宙模式，天是董仲舒哲學體系的最高範疇，天就是整個宇宙。董仲舒說：

> 天有十端，十端而止已。天爲一端，地爲一端，陰爲一端，陽爲一端，火爲一端，金爲一端，木爲一端，水爲一端，土爲一端，人爲一端，凡十端而畢，天之數也。(《春秋繁露·官制象天》)

「天有十端」之「天」指整個宇宙而言，宇宙主要包括了天、地、陰、陽、火、金、木、水、土、人十個組成部分。這並不是說宇宙只有「十端」而已，「十端」之外尚有萬物存在，只不過這「十端」是構成天的最主要的因素，所以董仲舒把「十端」單列出來，以顯示「十端」在天體系中的重要地位。

　　具體地講，在董仲舒的天體系中，天有三重含義：自然義、倫理義、人格義。天的自然義是表述天的倫理義、天的人格義的基礎，自然義的天所呈現出來的水災、火災及無法解釋的風、雨、雷、電等異常現象，是產生天有意志的思想根源。倫理義的天是通過自然義天的運行規律表現出來的，四季的轉變及萬物的生、養、成、藏，孕育了天道乾乾不息及仁愛萬物的精神，這種精神正是倫理義的天「仁」的本質的體現。當然，在董仲舒的天人體系中，天並不是簡單地區分為自然義的天、倫理義天、人格義的天，天只有一個，在特定的情境下，有的時候表述的是自然義的天，有的時候表述的是人格義的天，有的時候表述的是倫理義的天。正因為三重含義的天交融在一起，才產生了獨特的功用。在表述倫理義天的時候，依靠自然義天的客觀性，天具有了客觀而切身的經驗、體驗，天不是高高在上、可望而不可及的，而是在現實生活中切實感受得到的；同時，借助人們對人格義天的敬畏感，使倫理義的天本身具有的因體悟而產生的奧妙，與人格義的天的神秘性結合起來，在這三重因素的作用下，形成了一個自然性、神秘性、道德倫理性相結合的天的形象。在《春秋繁露》一書中，董仲舒關於天的描述往往是混雜在一起的，在一句話中，天既可以表述自然義的天，同時又蘊涵了倫理義的天的內容，甚至也包含了人格義天的成分。或者在一句話中出現幾個「天」字，第一個表述自然義的天，第二個可能表述人格義的天，第三個可能表述倫理義的天。總而言之，正是由於自然義的天、人格義的天、倫理義的天交融在一起，「天」在董仲舒的哲學體系中才是一個完整的概念。為了能具體地瞭解自然義的天、人格義的天、倫理義的天在董仲舒天人體系中的地位及作用，下文將對三者作詳細的分析。

一、自然義的天

　　自然義的天，是作為地的對應之物而存在的自然物質性的天，它包含了日、月、星、辰，能颳風、下雨、打雷、閃電，它給大地陽光雨露，潤澤萬物。作為與地相對應的天，常常與地連稱，或者天地對稱，這是董仲舒表述自然義天的最基本的標誌。天與地既對立，又相承，構成萬物生息變化的依託。《春秋繁露》中有大量的天地連稱或對稱的文字，如：

　　　　天覆無外，地載兼愛。(《深察名號》)

　　　　陰陽之氣，與天地相雜。(《天地陰陽》)

> 天地者，萬物之本，先祖之所出也。(《觀德》)
>
> 天地之精所以生物者，莫貴於人。(《人副天數》)
>
> 處其身所以常自漸於天地之道，其道同類，一氣之辨也。(《循天之道》)
>
> 中者，天地之美達理也，聖人之所保守也。(《循天之道》)
>
> 天地之物有不常之變者，謂之異，小者謂之災。(《必仁且智》)
>
> 高臺多陽，廣室多陰，遠天地之和也，故聖人弗爲，適中而已矣。(《循天之道》)

《春秋繁露》中有天、地與人並列的語句，充分說明了天的自然物質性。如：

> 何謂本？曰：天、地、人，萬物之本也。(《立元神》)

以氣論天，是自然義天的第二個標誌。自然義的天是物質性的天，氣則是物質性的氣，以氣論天，凸顯出天的物質性。天有陰陽二氣，二氣之間的此消彼長形成了豐富多彩的物質世界。

> 天地之間，有陰陽二氣，常漸人者，若水常漸魚也。(《天地陰陽》)
>
> 天地之氣，合而爲一，分爲陰陽，判爲四時，列爲五行。(《官制象天》)
>
> 天之道，出陽爲暖以生之，出陰爲清以成之。(《煖燠常多》)
>
> 天之道，向秋冬而陰來，春夏而陰去。(《循天之道》)

以四季論天，是自然義的天的第三個標誌：

> 天之道，春暖以生，夏暑以養，秋清以殺，冬寒以藏。(《四時之副》)
>
> 春之所生而不得過秋，秋之所生不得過夏，天之數也。(《循天之道》)
>
> 春者，天之和也；夏者，天之德也；秋者，天之平也；冬者，天之威也。(《循天之道》)
>
> 天有兩和以成二中，……其動於下者，不得東方之和不能生，中春是也。其養於上者，不得西方之和不能成，中秋是也。(《循天之道》)

自然義天的運行、發展、變化規律稱爲天道。天道運行、發展、變化的規律主要是通過陰陽二氣的變化展現出來的，陰陽二氣的此消彼長，形成春夏秋冬的功用，周而復始是天道的基本規律。

二、倫理義的天

董仲舒的天道觀具有雙重含義，當天道具有道德倫理的內容時，就已經超越了自然義天天道的範圍。狹義的天道指自然義天的運行規律，廣義的天道則不僅包含了自然義天的運行規律，而且具有道德倫理的義理性內涵。與之相應，天也就超越了自然義的天。

倫理義天的內涵是通過自然義天的運行、發展、變化規律呈現出來的，天以春生萬物，夏養萬物，秋成萬物，冬藏萬物，即蘊涵了天仁愛萬物、生成萬物的乾乾不息的精神，這與廣義的天道所蘊涵的道德倫理內容在義理上是一致的，自然義天是表述倫理義天的方式之一。董仲舒直接賦予倫理義天以「仁」的內涵，這與自然義天天道的表述相結合，既清楚地表達了倫理義天的概念，又符合由自然義天上陞到倫理義天的邏輯順序。

董仲舒對倫理義天的表述，主要表現在天作爲精神世界的本原方面，天不僅是物質世界的本原，而且是精神世界的本原。董仲舒說：「天者，萬物之祖，萬物非天不生」（《春秋繁露‧順命》），「爲生不能爲人，爲人者天也。人之爲人本於天，天亦人之曾祖父也」（《春秋繁露‧爲人者天》）。董仲舒賦予天以道德倫理的內容——仁，他說：「天，仁也。天覆育萬物，既化而生之，有養而成之，事功無已，終而復始，凡舉歸之以奉人，察於天之意，無窮極之仁也。」（《春秋繁露‧王道通》）可以說在孔子之後，仁已經成爲一個約定成俗的概念，當學者談到仁的時候，如果沒有進行特別的闡釋之外，一般指孔子倫理體系下的仁。董仲舒論仁曰：

> 何謂仁？仁者憯怛愛人，謹翕不爭，好惡敦倫，無傷惡之心，無隱忌之志，無嫉妒之氣，無感愁之欲，無險詖之事，無闘遽之行。其心舒，其志平，其氣和，其欲節，其事易，其行道，故能平易和理而無爭也，如此者謂之仁。（《春秋繁露‧必仁且智》）

在董仲舒遺存的資料中，這是對「仁」最細緻的表述。但此處，董仲舒並非給「仁」下了一個確切的定義，而是泛指仁的外在表現。這就意味著，董仲舒天人體系中的「仁」，與孔子倫理體系下的「仁」是同一概念。「仁」是倫

理義天的核心內容：

> 天，仁也。(《春秋繁露・王道通》)
>
> 人之受命於天，取仁於天而仁也。(《春秋繁露・王道通》)
>
> 人之血氣，化天志而仁；人之德行，化天理而義。(《春秋繁露・爲人者天》)
>
> 人之受命天之尊，父兄子弟之親，有忠信慈惠之心，有禮儀廉讓之行，有是非順逆之治，文理粲然而厚，知廣大有而博，唯人道可以參天。(《春秋繁露・王道通》)

天的倫理義體現爲「仁」，人「取仁於天而仁也」，是說人的存在是一種道德性的存在。除此之外，董仲舒還將人的本質表述爲「善」，「人有善質而未能爲善」(《春秋繁露・深察名號》)，是說人性中有善的本原。由此可以看出，董仲舒關於倫理義天的道德性內容是仁、善。天既是人、萬物等物質世界的本原，又是仁、善等精神世界的本原。天作爲本原，並非僅僅指開始、開端，或者開始、開端祇是一個空洞的概念，因其有具體的、感性的內容，本身就是一種實存。

三、人格義的天

　　人格義的天是董仲舒天人體系的重要內容，是董仲舒實現「命以輔義」的關鍵因素。天具有主宰人類社會的意志，主要表現在以下三個方面。一、天關注、仁愛黎民百姓。《春秋繁露・諸侯》云：「生育養長，成而更生，終而復始，其事所以利活民者無已。天雖不言，其欲贍足之意可見也。古之聖人，見天意之厚於人也，故南面而君天下，必以利兼之。」天生民而予以「義」與「利」，「義以養其心，利以養其體」(《春秋繁露・身之養重於義》)，使百姓有足夠的物質利益以維持正常的生活。董仲舒反對官僚貴族殘酷地剝削百姓，要求統治者遵從天道，給黎民百姓足夠的生存空間。二、天仁愛百姓，天根據王者的德行而予之天下，也可以因爲天子亂政而剝奪天下。舜、禹、湯、文王都是因爲有「德」而天予之天下，「天將授禹，主地法夏而王，祖賜姓爲姒氏。至禹生發於背，形體長。……至文王，形體博長，有四乳而大足，性長於地之勢」(《春秋繁露・三代改制質文》)，禹、文王的奇異形體，就是天將授以天下的徵兆。但是，承襲天下並不等於永遠擁有天下，天子亂政，天同樣可以剝奪天下。《春秋繁露・堯舜不擅移湯武不專殺》云：「天之

生民，非爲王也，而天立王以爲民也。故其德足以安樂民者，天予之；其惡足以賊害民者，天奪之。……言天之無常予，無常奪也。……王者，天之所予也，其所伐皆天之所奪也。」天子能否長久擁有天下，關鍵在於是否實行德治，宣王中興即一典型範例。《漢書・董仲舒傳》云：「夫周道衰於幽厲，非道亡也，幽厲不由也。至於宣王，思昔先王之德，興滯補弊，明文武之功業，周道粲然復興，詩人美之而作。上天祐之，爲生佐賢，至今不絕。此夙夜不解行善之所致也。」周宣王承襲幽、厲衰世，謹身行德，得到天的保祐，實現了中興。三、美祥和災異是天意的體現，是天直接作用於人事的方式。美祥又稱爲「天瑞」，王者施德於百姓，天有意使之爲天子，降美祥於人世。董仲舒說：

> 臣聞天之所大奉使之王者，必有非人力所能致而自至者，此受命之符也。天下之人同心歸之，若歸父母，故天瑞應誠而至。《書》曰：「白魚入於王舟，有火復於王屋，流爲烏。」此蓋受命之符。（《漢書・董仲舒傳》）

白魚、烏是美祥，是天將授命的徵兆。天子亂政，民怨載道，天人失和，則出現災異。災異是天對天子的一種懲戒，提醒統治者及時反省，施仁政於天下。災異何以產生？董仲舒說：

> 臣謹案《春秋》之中，視前世已行之事，以觀天人相與之際，甚可畏也。國家將有失道之敗，而天乃先出災害以譴告之；不知自省，又出怪異以警懼之；尚不知變，而傷敗乃至。（《漢書・董仲舒傳》）

災異是「失道之敗」的徵兆，提醒統治者反身自省，「謹案災異以見天意。天意有欲也，有不欲也。所欲所不欲者，人內以自省，宜有懲於心；外以觀其事，宜有驗於國。故見天意者之於災異也，畏之而不惡也，以爲天欲振吾過，救吾失，故以此報我也」（《春秋繁露・必仁且智》）。

　　天是有意志的，在這個意義上，董仲舒又把天表述爲神，「天者，百神之大君也」（《春秋繁露・郊語》）。董仲舒天人體系中的作爲「百神之大君」的神，並非普通意義上的人格神。天作爲「百神之大君」，強調了天的至上性、唯一性，統治者要以敬奉祖先的精誠敬奉天，「受命之君，天意之所予也。故號爲天子者，宜視天爲父，事天以孝道也」（《春秋繁露・深察名號》）。天子每年祭天一次，稱爲「郊祭」。在郊祭完成之後，才可以祭祀宗廟及其他諸神。

在董仲舒的天人體系中，人格義的天主宰著人類社會，天通過天子治理天下，統理萬民。但是，董仲舒在表述「天意」的時候，並非簡單地採取了「神喻」的方式，而是更多地運用陰陽、五行的辨證關係來表達天意。從人格義天的角度來看，災異是「神喻」的象徵，但災異恰恰是陰陽失和的產物。王者施德於民，天瑞應誠而至，王者奉天命而爲天子，「及至後世，淫佚衰微，不能統理群生，諸侯背叛，殘賊良民以爭土壤，廢德教而任刑罰。刑罰不中，則生邪氣。邪氣積於下，怨惡畜於上。上下不和，則陰陽繆盭而妖孽生矣。此災異所緣而起也」（《漢書・董仲舒傳》），災異的產生完全是統治者自身行爲所致，是陰陽作用的結果。《春秋繁露・天地陰陽》云：

> 天意難見也，其道難理。是故明陰陽、入出、實虛之處，所以觀天之志。辨五行之本末、順逆、小大、廣狹，所以觀天道也。

此處的「天志」、「天道」均是天意的別解。董仲舒治公羊學，《春秋》面臨的問題是撥亂反正，恢復王道政治，使君臣、父子、夫婦各歸人倫之理。《春秋繁露・陽尊陰卑》云：「是故推天地之精，運陰陽之類，以別順逆之理，安所加以不在？在上下、在大小，在強弱，在賢不肖，在善惡。」公羊學宗旨即「別順逆之理」，使大小、強弱、賢不肖、善惡各歸其序，以實現王道的政治理想。董仲舒以天道論人事，以陰陽、五行的辨證關係闡釋人事的「順逆之理」，從而使人倫秩序不僅是理性認知的應然，而且是陰陽之間、五行之間相互作用而形成的邏輯上的必然。陰陽是一對表述天道的概念，天道更多地與自然義的天、倫理義的天相對應，而「神喻」與人格義的天相對應。董仲舒用陰陽、五行體系來表述「天意」，則說明董仲舒的本意並不在「神喻」，而在借助天意以實現重新建構儒學理論體系的目的。

第二節 天人秩序

在董仲舒的天人體系下，陰陽之間、五行之間的交互作用形成「一統」的天人秩序。董仲舒「援天端」以論人事，根據天道「不得兩起」的規律，提出了「一統」理論。董仲舒說：

> 天之常道，相反之物也，不得兩起，故謂之一。一而不二者，天之行也。（《春秋繁露・天道無二》）

「不得兩起」指陰陽的變化一出一入，「天之道，有一出一入，一休一伏，其度一也，然而不同意。陽之出，常懸於前而任歲事；陰之出，常懸於後而守

空虛」,「故開一塞一,起一廢一,至畢時而止,終有復始於一。一者,一
也。是於天凡在陰位者皆惡亂善,不得主名,天之道也。故常一而不滅,天
之道」。人生於天而取法於天,「事無大小,物無難易,反天之道無成者。是
以目不能二視,耳不能二聽,手不能二事」,「是故古之人,物而書文,必止
於一中者,謂之忠;持二中者,謂之患。患,人之中不一者也。不一者,故
患之所由生也。是故君子賤二而貴一。人孰無善?善不一,故不足以立身;
治孰無常?常不一,故不足以致功」(《春秋繁露·天道無二》)。天道常一不
二,人效法天,人事秩序亦應當主於一。董仲舒說:「道同則不能相先,情同
則不能相使,此其教也。」(《春秋繁露·王道》)「情同則不能相使」指人事
秩序必須有上下、尊卑、貴賤之別,《春秋》之大義,在「援天端」以別上
下、尊卑、貴賤,即「《春秋》明得失,差貴賤,本之天」(《春秋繁露·重
政》)。這裡需要說明一點,在董仲舒的天人體系中,天是本原,人生於天而
取化於天,這是一種寬泛的講法。從表面上看,人道效法天道,才有人類社
會的上下、尊卑、貴賤之別。其實這裡面隱藏了更深的一層含義,即人稟承
天而生,人類社會本身已經具有了上下、尊卑、貴賤之別,不僅僅是人效法
天才產生了尊卑之序。只不過由於不同的人對天道的體悟的程度不同,董仲
舒才以人取法於天來表述人事秩序的上下、尊卑、貴賤之別,以實現「命以
輔義」的道德理想。所以董仲舒說:

> 《春秋》之序辭也,置王於春正之間,非曰上奉天施而下正人,然
> 後可以爲王也云爾。今善善惡惡,好榮憎辱,非人能自生,此天施
> 之在人者也。……天施之在人者,使人有廉恥。(《春秋繁露·竹
> 林》)

「非曰上奉天施而下正人」、「此天施之在人者」即揭示了人事上下、尊卑、
貴賤之序的本原性,只不過以取法於天的形式表述出來而已。人事秩序的上
下、尊卑、貴賤之別不僅僅是一種規則,或者意識上一種合乎邏輯的概念,
它必須融入一種文化,以文化的形式展現出來,才能體現人事秩序的內涵。
董仲舒提出了「人道」概念:

> 見善者不能無好,見不善者不能無惡,好惡去就,不能堅守,故有
> 人道。人道者,人之所由,樂而不亂,復而不厭者。(《春秋繁露·
> 天道施》)

「見善者不能無好,見不善者不能無惡」是人事秩序所具有的人性內涵,上

下、尊卑、貴賤的秩序與善惡的人性相結合即人道。也就是說，人道是具有人性文化內涵的人事秩序。由於人心的微妙，人道往往不能「堅守」，所以董仲舒強調別上下、尊卑、貴賤之義。爲了解決「不能堅守」之人道，董仲舒「援天端」，以天道貞定人心。同時基於人事秩序的人性、文化內涵，提出了文化上的「一統」。董仲舒說：

> 《春秋》大一統者，天地之常經，古今之通誼也。今師異道，人異論，百家殊方，指意不同，是以上亡以持一統：法制數變，下不知所守。臣愚以爲諸不在六藝之科、孔子之術者，皆絕其道，勿使並進。邪闢之說滅息，然後統紀可一而法度可明，民知所從矣。（《漢書‧董仲舒傳》）

「不在六藝之科、孔子之術」的各家學派，其理論分歧表面上看主要是社會、政治理論的不同；實際上，基於人性而言，社會、政治理論的分歧本質上是對人性理解上的分歧。人性理論是董仲舒天人秩序的基礎，「天地神明之心」的微妙體現在人心的微妙，人事秩序的統一必須首先是人性秩序的統一。「諸不在六藝之科、孔子之術者，皆絕其道，勿使並進」即以儒家的人性理論爲標準統一人性秩序，從而達於人事秩序的統一。

董仲舒以天地、陰陽、五行秩序來闡釋天道秩序，「天、地、陰、陽、木、火、土、金、水，九，與人而十者，天之數畢也」（《春秋繁露‧天地陰陽》），此處的天指自然義的天，是與地相對的天，天在這裡是一物質性的概念，與地、陰陽、五行並列。董仲舒何以以天地、陰陽、五行與人構成天之數「十端」？很明顯，天地、陰陽、五行是決定天道秩序最基本的因素，天地、陰陽、五行各自的秩序固定，則天道亦自然有序，天道秩序正是通過天尊地卑、陽尊陰卑及五行相克相生的對立統一關係呈現出來的。

一、天尊地卑是「一統」秩序的基礎

在董仲舒的天道理論體系中，天與地的關係是天道秩序的基礎，普通的黎民百姓首先是從能看見、能把握、能具體體驗的天地關係中形成天尊地卑觀念的。人生活在大地上，因對大地具體而形象的體驗，往往使大地失去了與天對等的神秘與威嚴。天高高在上，人對天的把握要遠遠比對地的把握抽象得多，正是由於此抽象性，天才具有了神秘與威嚴。大地上發生的一切奇異現象，人們在無法找到答案的時候，往往將其發生的原因歸之於天命，天

逐漸演化成有意志、能決定萬物命運的主宰，天自然與地拉開了距離，從而形成天尊地卑的觀念。

天尊地卑的觀念在古代的民間普遍存在，在董仲舒的天人秩序中，則經過系統的闡釋構成天道秩序的基礎。地之所為，有功必上歸之於天，董仲舒說：「地出雲為雨，起氣為風。風雨者，地之所為，地不敢有其功名，必上之於天，命若從天氣者，故曰天風天雨也，莫曰地風地雨也。勤勞在地，名一歸於天，非至有義，其孰能行此？」(《春秋繁露·五行對》) 天地相對，天尊地卑，那麼地應該服從於天，為天服務，董仲舒系統論述了地對天的義務：

> 地卑其位而上其氣，暴其形而著其情，受其死而獻其生，成其事而歸其功。卑其位，所以事天也；上其氣，所以養陽也；暴其形，所以為忠也；著其情，所以為信也；受其死，所以藏終也；獻其生，所以助明也；成其事，所以助化也；歸其功，所以致義也。(《春秋繁露·天地之行》)

天地關係中，天為主，地為輔，地的一切行為圍繞天而展開，天往往通過地來實現自己的目的。天與地的尊卑、主次關係，在人事秩序中表現為君臣之義。天地與君臣相對應，「天地之志，君臣之義也」(《春秋繁露·王道通》)，「故下事上，如地事天也，可謂大忠矣」(《春秋繁露·五行對》)。君尊臣卑不僅僅是一種象徵性的尊卑關係，由天地所確立的尊卑關係，與之相對應的君臣關係是具體的：

> 為人臣者，其法取象於地。故朝夕進退，奉職應對，所以事貴也；供設飲食，侯視疾疾，所以致養也；委身致命，事無專制，所以為忠也；竭愚寫情，不飾其過，所以為信也；伏節死難，不惜其命，所以救窮也；推進光榮，襃揚其善，所以助明也。受命宣恩，輔成君德，所以助化也；功成事就，歸德於上，所以致義也。是故地明其理，為萬物母；臣明其職，為一國宰。母不可以不信，宰不可以不忠。母不信，則草木傷其根；宰不忠，則奸臣危其君。根傷則亡其枝葉，君危則亡其國。故為地者，務暴其形；為臣者，務著其情。
> (《春秋繁露·天地之行》)

臣對於君的義務是具體的，包括了事貴、致養、為忠、為信、救窮、助明、助化、致義等八個方面。董仲舒天人秩序的特點是通過天道義理來規範人事，在人事與天道義理的對應關係中，盡可能具體地羅列人事秩序的條目，

作爲人事秩序的原則。如以五行論政事，以五行所代表的義理來規定政事的具體內容，作爲君主爲政的標準。「地」作爲臣效法的對象，「地」所蘊涵的義理，在人事方面以具體的、條目性的內容展現出來，作爲人臣效法的主要內容。

二、陰陽是表述天人秩序的基本因素

天尊地卑是董仲舒天道秩序的基礎，具體的天道內容是通過陰陽秩序來闡釋的。陰陽對於人事秩序而言，不僅僅是一種象徵性的關係，而是切近人身，與人合一的關係。

《漢書·董仲舒傳》云：「天道之大者，在陰陽。」在董仲舒的天人體系中，陽尊而陰卑有其特定的含義，陽尊而陰卑是一相對的概念，尊與卑在這裡並沒有貴賤、善惡之分，它們衹是確定天道秩序的兩種性質。當陰陽以具體的現象呈現出來的時候，陰陽就不僅僅是確立天道秩序的兩種性質，而具有了貴賤、善惡之分。董仲舒在表述陰氣的時候，在特殊的語境中，陰氣有的時候指「戾」氣，在這個時候，陰氣就有了貴賤、善惡之別。在董仲舒的陰陽理論中，陰陽或陰陽之氣未必爲善、爲惡；但是，「惡之屬盡爲陰，善之屬盡爲陽」（《春秋繁露·陽尊陰卑》），惡的現象、事物必然屬於陰或者陰氣，善的現象、事物必然屬於陽或者陽氣。後一種表述在董仲舒的天人秩序中起著關鍵的作用，因爲善惡是引起陰陽發生變異的根本原因。

陽尊而陰卑觀念的形成，無疑與陰陽二氣的性狀有關，「陽氣暖而陰氣寒，陽氣予而陰氣奪，陽氣仁而陰氣戾，陽氣寬而陰氣急，陽氣愛而陰氣惡，陽氣生而陰氣殺」（《春秋繁露·陽尊陰卑》），陽氣主暖、予、仁、寬、愛、生，陰氣主寒、奪、戾、急、惡、殺，又「天之好仁而近，惡戾之變而遠，大德小刑之意也」，董仲舒由此得出：「陽，天之德也，陰，天之刑也。」（同上）天好生而惡殺，故貴陽而賤陰，由此形成陽尊而陰卑的理論體系。

陰氣與陽氣在生物、養物、成物的過程中，形成陽主而陰從、陽實而陰虛兩大特徵。陽尊而陰卑的天道秩序是通過陰陽二氣在養物、成物過程中形成的陽主而陰從、陽實而陰虛的特徵表現出來的。董仲舒從天愛利萬物出發，以陽氣在萬物生成過程中所起的作用，確立了陽氣的主導地位。天有好生之德，具體體現在春以生物、夏以養物、秋以成物、冬以藏物，陽氣在四季的變化過程中，決定著萬物的生、養、成、藏，「陽氣出於東北，入於西北，發

於孟春，畢於孟冬，而物莫不應是。陽始出，物亦始出；陽方盛，物亦方盛；陽初衰，物亦初衰」（《春秋繁露‧陽尊陰卑》）。春天來臨時，陽氣開始上陞，萬物隨著陽氣的上陞而萌動，種子在適當的溫度條件下開始發芽，此爲「陽始出，物亦始出」；夏天降臨時，隨著陽氣日益鴻烈，草木亦蓬勃生長，此爲「陽方盛，物亦方盛」；秋天，隨著陽氣逐漸衰微，樹葉也逐漸失去生機，變黃、脫落，此爲「陽初衰，物亦初衰」。在自然界的四季轉換過程中，人們直觀感覺到事物的變化是由熱量的變化引起的，即由陽氣的變化引起的。陰氣的上陞，同樣是由於陽氣的衰微引起的。所以，陽氣的變化是與人的直觀感覺緊密聯繫的，這是形成陽主陰從的主要因素。自然界的變化以陽氣爲主，推而廣之，人類社會的發展變化也是以陽爲主，董仲舒說：

> 陽者，歲之主也，天下之昆蟲隨陽而出入，天下之草木隨陽而生落，天下之三王隨陽而改正，天下之尊卑隨陽而序位。幼者居陽之所少，老者居陽之所老，貴者居陽之所盛，賤者居陽之所衰。……陽貴而陰賤，天之制也。（《春秋繁露‧天辨在人》）

陽實陰虛指在天道成物的過程中，實際起作用的是陽氣，陽氣貫穿著成物的始終，陰氣只起到輔佐的作用。陰陽二氣在四季之中所處方位不同，「陰之行，春居東方，秋居西方，夏居空右，多居空左，夏居空下，多居空上，此陰之常處也；陽之行，春居上，多居下，此陽之常處也。陰終歲四移，而陽常居實」（《春秋繁露‧天辨在人》），陰隨四季轉移，常居空位，陽則常居實位。陰陽在成物中的作用不同，「夏出長於上，多入化於下者，陽也」（《春秋繁露‧陰陽位》），「長於上」指陽氣作用於萬物，使萬物生長；「化於下」指萬物有所成之後，包藏有陽氣，雖處於「多藏」之時，自身在陽氣的作用下仍然發生變化，使事物達於純熟。在四季之中，萬物春生、夏養、秋成、多藏，都離不開陽氣的作用，因此，陽氣處於實位。「夏入守虛地於下，多出守虛位於上者，陰也」（《春秋繁露‧陰陽位》），陰氣輔佐陽氣以成物，陰陽相反相成，陽居於實位，陰則居於虛位、空位，草木春生、夏養，忌諱陰氣，此時的陰氣稱爲「賊氣」。秋成之時，仍是陽氣作用於萬物，使萬物自身的性質發生轉化。多藏之時，萬物包藏陽氣，自身的發展變化仍然存在。陰氣似乎失去了存在的意義，此即爲陽實陰虛。陰陽相輔相成，獨陽不能成物，獨陰不能成物，陰陽合和方能成物。陽氣貫穿成物的始終，陽居實，則陰居虛。陰氣在成物的過程中似乎失去了作用；但離開了陰氣，陽氣亦不能成物，此

即陰居於虛位的意義。在成物的過程中，陰氣「夏入居下，不得任歲事；冬
出居上，置之空處也。養長之時，伏於下，遠去之，弗使得爲陽也；無事之
時，起之空處，使之備次陳，守閒塞也」（《春秋繁露・陽尊陰卑》），始終處
於不即不離的境地，輔佐陽以成物。董仲舒將陰陽在成物中的作用概括爲「陽
常居實位而行於盛，陰常居空位而行於末」（同上），恰如其分地描述了陽實
陰虛的關係。

　　陽尊陰卑，以定天道秩序；人生於天而效法於天，人事秩序亦遵從陽尊
陰卑的原則。董仲舒說：

> 凡物必有合。合，必有上，必有下，必有左，必有右，必有前，必
> 有後，必有表，必有裏。有美必有惡，有順必有逆，有喜必有怒，
> 有寒必有暑，有晝必有夜，此皆其合也。陽者陰之合，妻者夫之
> 合，子者父之合，臣者君之合。物莫無合，而合各有陰陽。陽兼於
> 陰，陰兼於陽，夫兼於妻，妻兼於夫，父兼於子，子兼於父，君兼
> 於臣，臣兼於君。君臣、父子、夫婦之義，皆取諸陰陽之道。君爲
> 陽，臣爲陰；父爲陽，子爲陰；夫爲陽，妻爲陰。陰道無所獨行，
> 其始也不得專起，其終也不得分功，有所兼之義。是故臣兼功於
> 君，子兼功於父，妻兼功於夫，陰兼功於陽，地兼功於天。（《春秋
> 繁露・基義》）

董仲舒認爲，宇宙之中，任何事物都是矛盾的統一體，陰陽作爲人類社會最
基本的矛盾統一體，陽尊陰卑構成了人類社會秩序的基礎。雖然「陽兼於陰，
陰兼於陽」，陰陽合和而成物，但在陰陽的互動關係中，陽爲主導，陰輔從於
陽，由此形成「一統」的秩序。陰氣與陽氣的運行遵循一出一入的原則，「天
道大數，相反之物也，不得俱出，陰陽是也。春出陽而入陰，秋出陰而入陽，
夏右陽而左陰，冬右陰而左陽。陰出則陽入，陽出則陰入，陰右則陽左，陰
左則陽右。是故春俱南，秋俱北，而不同道。夏交於前，冬交於後，而不同
理。並行而不相亂，澆滑而各持分，此之謂天之意。而何以從事？天之道，
初薄大多，陰陽各從一方來，而移於後。陰由東方來西，陽由西方來東，至
於中冬之月，相遇北方，合而爲一，謂之曰至。別而相去，陰適右，陽適左，
適左者，其道順，適右者，其道逆，逆氣左上，順氣右下，故上暖而下寒，
以此見天之冬右陰而左陽也，上所右而下所左也。各月盡，而陰陽俱南還。
陽南還，出於寅；陰南還，入於戌，此陰陽所始出地入地之見處也」（《春秋

繁露・陰陽出入》)。陽主陰從,陰輔陽而成物,則陰陽互動而不亂,所謂「舉而上者,抑而下也。有屛而左也,有引而右也;……陰陽二物,終歲各一出,其出,遠近同度而不同意。陽之出也,常縣於前而任事;陰之出也,常縣於後而守空處」(《春秋繁露・基義》)。人事秩序取法於自然的天道,「王道之三綱,可求於天」(《春秋繁露・基義》),人事秩序的主要內容,董仲舒概括為「王道之三綱」,即君臣、父子、夫婦之間的陰陽關係。君、父、夫為陽,臣、子、婦為陰,陽尊而陰卑,陽主而陰從,那麼君、父、夫為尊、為主,臣、子、婦為卑、為從。君主臣從、父主子從、夫主婦從,則人事秩序統一於君、父、夫,上下井然有序,國家才能長治久安。

在人事秩序中,陽尊陰卑有兩種表述方式。其一,陽尊陰卑之別是性質上的區別,如君為陽,臣為陰;父為陽,子為陰;夫為陽,婦為陰。董仲舒明確指出:「丈夫雖賤皆為陽,婦人雖貴皆為陰。」(《春秋繁露・陽尊陰卑》)「賤」卻為陽,「貴」卻為陰,即是就陰陽的性質而言。其二,陽尊陰卑之別是陽位與陰位的區別,處於陽位則為陽,處於陰位則為陰。這一點,在董仲舒的天人秩序中具有非常重要的意義。董仲舒說:「陰之中亦相為陰,陽之中亦相為陽。諸在上者皆為其下陽,諸在下者皆為其上陰。」(《春秋繁露・陽尊陰卑》)在上下等級次序中,陰陽是相對的概念,上相對下而言皆為陽,下相對上而言皆為陰。所謂「陰之中亦相為陰,陽之中亦相為陽」即是就陰陽之位而言,同為婦人,皆屬陰,陰之中又有分別,貴者為陽,賤者為陰;同為男子,皆屬陽,陽之中又有分別,貴者為陽,賤者為陰,所以有「陰之中亦相為陰,陽之中亦相為陽」之別。

總而言之,天道以陰陽確立秩序,陽尊陰卑貫徹於人事秩序中,形成以三綱為主的人事秩序,推而廣之,上下、尊卑之別形成封建社會的等級制度。在理想的政治環境下,陰陽之位與德序合而為一,則天人秩序順暢,國家長治久安,美祥出現。

三、五行與人事秩序

《春秋繁露・五行相生》云:「天地之氣,合而為一,分為陰陽,判為四時,列為五行。行者,行也,其行不同,故謂之五行。五行者,五官也,比相生而間相勝也。故為治,逆之則亂,順之則治。」五行與陰陽均是一氣之化,天地之氣分為陰陽,列為五行,因而陰陽與五行是相承相通的,兩者結

合在一起形成一個龐大的體系，構成天道的主要內容。

董仲舒繼承了前人的五行學說，形成比相生而間相勝的系統理論。《春秋繁露‧五行之義》云：

> 天有五行：一曰木，二曰火，三曰土，四曰金，五曰水。木，五行
> 之始也；水，五行之終也；土，五行之中也，此其天次之序也。木
> 生火，火生土，土生金，金生水，水生木，此其父子也。木居左，
> 金居右，火居前，水居後，土居中央，此其父子之序，相受而布。
> 是故木受水而火受木，土受火，金受土，水受金也。諸授之者，皆
> 其父也；受之者，皆其子也。（《春秋繁露‧五行之義》）

五行相生形成「天次之序」，「天次之序」寓意著天道秩序相輔相成的統一體系。董仲舒將五行相生表述為父子之序，授之者為父，受之者為子，這就與陰陽所表述的父子關係聯繫起來，因而五行的父子之序也可表述為父尊子卑、父主子從，陰陽與五行在人事秩序上有機地貫穿起來。父尊子卑、父主子從，父親成為父子關係的主導，董仲舒說：

> 常因其父以使其子，天之道也。是故木已生而火養之，金已死而水
> 藏之，火樂木而養以陽，水克金而喪以陰，土之事火竭其忠。故五
> 行者，乃孝子忠臣之行也。（《春秋繁露‧五行之義》）

董仲舒以五行相生表述父子關係，強調子輔從於父的秩序性，以之鞏固血緣倫理秩序的基礎。董仲舒強調三綱中父子秩序的重要性，源自於歷史的切膚之痛。原始儒學從血緣倫理的角度闡述父子關係，父子秩序是人性本有的秩序，因而是不可移易的、無可否定的人性秩序；但是，人性本具的血緣親情有歧出為私欲的傾向，食色之性具有歧出為貪欲的傾向，在外界條件的刺激下，私情與貪欲往往衝破人性本然秩序的樊籬，演化成子殺父的悲劇。春秋二百四十二年間，亡國五十二，弒君三十六，子殺父者不可勝數。原始儒學關於父子秩序是人性本有秩序的理念，需要從血緣倫理的層面上陞到抽象的證悟性層面，才能體驗到父子關係所蘊涵的理性秩序，這是一個證悟的過程。唯有達到此證悟的層面，人性中所蘊涵的理性因素才能使父子秩序得以貞定。但是，既然是證悟，則存在形而上的難度，感性因素對人心的困繞往往使理性趨於迷茫。原始儒學對人性中本具的理性秩序的證悟往往侷限於知識階層，因而無法實現儒家文化的「普世化」。西漢建立之後，重新建立傳統的倫理道德秩序成為當務之急。西漢初年的學者在總結了從春秋至秦朝這一段

時期道德倫理發展的經驗教訓的基礎上，提出了不同的觀點。如賈誼提出以人爲本，重建倫理體系；董仲舒則針對儒家倫理道德認知的體悟性特點，借天道以論人事，以陰陽論三綱，以五行相生論父子秩序，達到命以輔義的目的，從而消除或者減弱了感性認知對倫理道德理性體悟的蒙蔽。

誠然，董仲舒「命以輔義」的認知方式，夾雜了許多非理性的內容，或者說夾雜了大量的宗教性的、神秘性的東西，但卻絲毫不影響儒家倫理說教的內容。原始儒學闡釋了父子秩序是人性本有的秩序，董仲舒通過五行相生闡釋父子秩序，雖然所走的道路不同，但在父子秩序所蘊涵的人性的理性內容上是完全相同的，即父子秩序是人性的理性本質、理性秩序、理性內涵。董仲舒說：「五行之爲言也，猶五行歟？是故以得辭也。聖人知之，故多其愛而少嚴，厚養生而謹送終，就天之制也。以子而迎成養，如火之樂木也；喪父，如水之克金也；事君，若土之敬天也，可謂有行人矣。」（《春秋繁露‧五行之義》）五行即「五德」，「聖人知之」，即知五行的奧妙在於五德。五行是「天次之序」，是至上的、無可移易的，也就是天經地義的。董仲舒實際上肯定了五德是天經地義的，是至上的、無可移易的。這與原始儒學將父子秩序闡釋爲人性本有的理性的秩序一樣，只不過董仲舒借助五行之「天次之序」，通過外在於人的至上的天的權威性來闡釋父子秩序的無可移易性。從這一點來看，董仲舒將父子秩序既表述爲「人之道」，又表述爲「天之道」，就不難理解了。董仲舒說：

> 父之所生，其子長之；父之所長，其子養之；父之所養，其子成之。
> 諸父所爲，其子皆奉承而續行之，不敢不致如父之意，盡爲人之道
> 也。故五行者，五行也。由此觀之，父授之，子受之，乃天之道也。
> 故曰：夫孝者，天之經也，此之謂也。（《春秋繁露‧五行對》）

「夫孝者，天之經也」即把「天之道」與「人之道」結合起來，形成天人貫通的體系。

春秋戰國時期，君臣關係的悖亂是造成社會危機的主要原因之一。春秋二百四十二年間，弒君三十六，傳統的君臣觀受到了前所未有的衝擊。西漢建國之初，重新論證君臣秩序，以確立君臣名分的權威性，成爲學者關注的問題。董仲舒以天地、五行論證君臣關係，使君臣關係有了外在的客觀物質根據，與禮制下的君臣觀相互呼應，相得益彰。如上文所述，天地之間以天爲主，地輔從於天。地由土組成，地實際上就是土，那麼天地主從關係中的

地就與五行中的土相對，地所具有的某些特徵就轉化成土的特徵，地對天的義務與責任就轉化成土對火的義務與責任。五行即五德，土對火的義務與責任，即臣對君的義務與責任。在這裡，火與土兼具兩重關係，一是父子關係，二是君臣關係。因為火與土是「天次之序」，所以君臣的主從、尊卑秩序也是天經地義、不可移易的。

董仲舒首先闡述了土在五行中的核心地位，他說：「五行之隨，各如其序；五行之官，各致其能。是故木居東方而主春氣，火居南方而主夏氣，金居西方而主秋氣，水居北方而主冬氣。是故木主生而金主殺，火主暑而水主寒。使人必以其序，官人必以其能，天之數也。」（《春秋繁露・五行之義》）在以上的表述中，五行之官的職能中沒有規定土的職能，這是因為土在五行中具有獨特的地位，緊接著董仲舒說：

> 土居中央，為之天潤。土者，天之股肱也，其德茂美，不可名一時
> 之事，故五行而四時者，土兼之也。（《春秋繁露・五行之義》）

土因為與地的關係，成為天之股肱，因其德而兼金、木、水、火，因而不可名一時之事。土為金、木、水、火之間相互作用提供了物質環境，金、木、水、火離開了土就無所謂秩序與職能，「金、木、水、火雖各職，不因土，方不立，如酸鹹辛苦之不因甘肥不能成味也。甘者，五味之本也；土者，五行之主也。五行之主土氣也，猶五味之有甘肥也，不得不成。」（《春秋繁露・五行之義》）土居於五行之首，那麼土德居於五德之首，土德的核心內涵是忠，「土之事火竭其忠」（同上）。董仲舒說：「聖人之行，莫貴於忠，土德之謂也。人官之大者，不名所職，相其是矣；天官之大者，不名所主，土是矣。」（《春秋繁露・五行之義》）何謂忠？董仲舒說：「土者，火之子也，五行莫貴於土。土之於四時無所命者，不與火分功名。……土者，五行最貴者也，其義不可以加矣。」（《春秋繁露・五行對》）土之所以為貴，在於土德之「義」，「義」即忠的內容。何為「義」？義者宜也，概括起來講，義即秩序，是火與土之間的秩序，是君與臣之間的秩序，是父與子之間的秩序。孟子論及義時說：「人之所不學而能者，其良能也。所不慮而知者，其良知也。孩提之童，無不知愛其親者；及其長也，無不知敬其兄也。親親，仁也。敬長，義也。」（《孟子・盡心上》）「無不知愛其親」、「無不知敬其兄」即是父子、兄弟之間的秩序。董仲舒所講的義與孟子所講的義在本質上是相同的，只不過表述的方式不同而已。也就是說，義是人性本有的秩序，人由於受感性的

蒙蔽，往往無法證悟到此人性本有的秩序，董仲舒借助天地、五行以表述人性本有的義，使義有了外在的客觀基礎。在董仲舒的天人秩序中，義即臣對君的義務，義務以心理、意識的形式表現出來即忠。如地對天的義務，「地出雲為雨，起氣為風。風雨者，地之所為，地不敢有其功名，必上之於天，命若從天氣者，故曰天風天雨也，莫曰地風地雨也。勤勞在地，名一歸於天，非至有義，其孰能行此？故下事上，如地事天也，可謂大忠矣」（《春秋繁露‧五行對》）地「不敢有其功名，必上之於天」、「名一歸於天」，此即忠。孔子曰：「君使臣以禮，臣事君以忠。」（《論語‧八佾》）以禮使臣，是君主的責任；以忠事君，是臣子的義務。盡己之心，盡己之力謂忠。董仲舒以天地、五行論證臣對君的義務，以天的權威性、五行相生的客觀規律性，來闡釋臣下對君主義務的必然性。

綜合言之，五行之火與土的關係，兼具父子、君臣雙重含義，董仲舒說：

> 《春秋》君不名惡，臣不名善，善皆歸於君，惡皆歸於臣。臣之義，比於地，故為人臣者，視地之事天也；為人子者，視土之事火也。雖居中央，亦歲七十二日之王，傅於火以調和養長，然而弗名者，皆并功於火，火得以盛，不敢與父分功，美孝之至也！是故孝子之行，忠臣之義，皆法於地也。（《春秋繁露‧陽尊陰卑》）

總而言之，「土之事火竭其忠，故五行者，乃孝子忠臣之行也」（《春秋繁露‧五行之義》），所以說：「土若地，義之至也。」（《春秋繁露‧陽尊陰卑》）

董仲舒以陰陽定人事秩序，以五行特別論證了子對父、臣對君的義務，突出了三綱中君臣、父子關係，既是對春秋以來父子、君臣關係的反思，又是在新的歷史條件下對父子、君臣關係的重新定位。董仲舒在闡釋的過程中，陰陽與五行並非割裂的兩個體系，而是相互交錯形成一個有機的系統。木、火、土、金、水因各自的性能不同，與四季相配，從而使四季具有了轉換的動力。《春秋繁露‧五行對》云：「水為冬，金為秋，土為季夏，火為夏，木為春。春主生，夏主長，季夏主養，秋主收，冬主藏。」依次類推，即木主生，火主長，土主養，金主收，水主藏，四季的轉換正好符合木、火、土、金、水相生的順序。四季與五行相互交錯，實際上是陰陽與五行相互交錯，形成陰陽五行互動均衡的動態體系。《春秋繁露‧天辨在人》云：

　　金、木、水、火各奉其主，以從陰陽，相與一力而并功。其實非獨
　　陰陽也，然而陰陽因之以起，助其所主。故少陽因木而起，助春之
　　生也；太陽因火而起，助夏之養也；少陰因金而起，助秋之成也；
　　太陰因水而起，助冬之藏也。

這段資料中所蘊涵的陰陽、五行的互動關係可以從主從兩個方面來表述：其
一，陰陽爲主，五行爲從，五行隨著陰陽的變化而變化，即「金、木、水、
火各奉其主，以從陰陽」；其二，五行爲主，陰陽爲從，陰陽隨五行變化而變
化，即少陽、太陽、少陰、太陰隨金、木、水、火而發生量上的轉化。總而
言之，陰陽五行之所以能保持動態均衡的體系，就在於兩者均是陰陽之氣的
變化，「天地之氣，合而爲一，分爲陰陽，判爲四時，列爲五行」（《五行相
生》）。陰陽之氣貫通五行，陰陽五行形成一個系統。陰陽強調整個天人系統
的秩序性，五行則強調君臣、父子的秩序性，特別注重臣對君、子對父不可
移易的義務。

第三節　以天限君思想

　　在封建社會，天子、君主個人的言行往往直接影響著政治生活，如果天
子、君主的權力失去制約，則有可能導致災難性的後果。秦始皇、秦二世的
暴政，是最典型的例子。漢初的學者將秦朝的暴政稱爲「自恣之政」，它所引
發的社會危機，是董仲舒「以天限君」思想產生的根源。

一、以天限君思想產生的根源

　　在董仲舒的天人秩序中，天子溝通天人，起承上啓下的作用。《春秋繁
露・王道通三》云：「古之造文者，三畫而連其中，謂之王。三畫者，天、地
與人也；而連其中者，通其道也。取天、地與人之中以爲貫而參通之，非王
者孰能當是？」董仲舒又將王者參通天地表述爲「參天地」，「王者參天地
矣，……治則以正氣殽天地之化，亂則以邪氣殽天地之化」（《春秋繁露・天
地陰陽》）。王者爲「人之長」，又承天命而統理萬民，上令下行，上行下效，
君王個人的言行可以影響風化，以治亂殽天地之化，從而影響天人秩序的變
化。由此可見，如果君王隨其所好，不加限制地追求享樂，或者喜怒無度，
都會對國家的政治產生影響。秦朝是一個典型的例子，西漢初學者對此有深
刻的認識。伍被曰：「往者秦爲無道，殘賊天下，殺術士，燔詩書，滅聖跡，

棄禮義，任刑法，轉海濱之粟，致於西河。當是之時，男子疾耕不足於糧餉，女子紡績不足於蓋形。遣蒙恬築長城，東西數千里。暴兵露師，常數十萬，死者不可勝數，僵屍滿野，流血千里。於是百姓力屈，欲為亂者十室而五。又使徐福入海求仙藥，多齎珍寶，童男女三千人，五種百工而行。徐福得平原大澤，止王不來。於是百姓悲痛愁思，欲為亂者十室而六。又使尉陀逾五嶺，攻百越，尉陀知中國勞極，止王南越。行者不還，往者莫反，於是百姓離心瓦解，欲為亂者十室而七。興萬乘之駕，作阿房之宮，收太半之賦，發閭左之戍。父不寧子，兄不安弟，政苛刑慘，民皆引領而望，傾耳而聽，悲號仰天，叩心怨上，欲為亂者，十室而八。」（《漢書・蒯伍江息夫傳》）賈誼稱秦始皇的行為是「自奮之智」：

> 秦王含貪鄙之心，行自奮之智，不信功臣，不親士民，廢王道，立私權，禁文書而酷刑法，先詐力而後仁義，以暴虐為天下始。（《漢書・賈誼傳》）

當時秦始皇的長子扶蘇已經看到秦始皇窮奢極欲的生活及大規模地興建工程所引發的社會危機，扶蘇勸諫秦始皇予民休養生息，但好大喜功的秦始皇對此視而不見，反而貶謫扶蘇去駐守長城。

秦二世即位，不但沒有撫慰下民，反而更加昏庸無道，「二世不行此術，而重之以無道，壞宗廟與民，更始作阿房宮，繁刑嚴誅，吏治刻深，賞罰不當，賦斂無度，天下多事，吏弗能紀，百姓窮困而主弗收恤。然後奸偽並起，而上下相遁，蒙罪者重，刑戮相望於道，而天下苦之。自君卿以下至於庶人，人懷自危之心，親處窮困之實，咸不安其位，故易動也。」（《史記・秦始皇本紀》）。董仲舒和晁錯將秦朝的政治概括為「自恣苟簡之政」，即隨君主個人好惡而施政。董仲舒說：

> 至周之末世，大為亡道，以失天下。秦繼其後，獨不能改，又益甚之，重禁文學，不得挾書，棄捐禮誼而惡聞之，其心欲盡滅先王之道，而顯為自恣苟簡之治，故立為天子十四歲而國破亡矣。自古以來，未嘗有以亂濟亂，大敗天下之民如秦者也。（《漢書・董仲舒傳》）

晁錯曰：「及其末塗之衰也，任不肖而信讒賊，宮室過度，奢慾亡極，民力罷盡，賦斂不節。矜奮自賢，群臣恐諛，驕溢縱恣，不顧患禍；妄賞以隨意，妄誅以快怒心，法令煩憯，刑罰暴酷，輕絕人命，身自射殺；天下寒心，莫安其處。姦邪之吏，乘其亂法，以成其威，獄官主斷，生殺自恣。上下瓦解，

各自為制。秦始亂之時，吏之所先侵者，貧人賤民也；至其中節，所侵者富人吏家也；及其末塗，所侵者宗室大臣也。是故親疏皆危，外內咸怨，離散逋逃，人有走心。」(《漢書·袁盎晁錯列傳》)「自恣苟簡之治」、「矜奮自賢」、「驕溢縱恣」、「妄賞以隨意，妄誅以快怒心」、「生殺自恣」即指君王個人的意志不受任何人性化規範的限制，隨意妄為，造成民怨沸騰。

何以能使君王的行為受到制約？董仲舒認為任何外在的制度都無法約束帝王的行為，唯有從人性入手尋找制約帝王行為的根據，才是解決帝王肆意妄為的根本方法。董仲舒提出了文教政策，以恢復王道政治為最高理想。董仲舒認為，秦朝的政治之所以發展到無法控制的地步，主要原因在於秦朝放棄仁政及文教，惡性發展了法治理論，形成了重功利而輕文德的社會風俗。賈誼對秦朝的政治及風俗進行了總結，他說：「商君遺禮儀，棄仁恩，并心於進取，行之二歲，秦俗日敗。故秦人家富子壯則出分；家貧子壯則出贅。借父耰鉏，慮有德色；母取箕箒，立而誶語。抱哺其子，與公併倨；婦姑不相說，則反唇而相稽。其慈子耆利，不同禽獸者亡幾耳。然并心而赴時，猶曰蹶六國，兼天下。功成求得矣，終不知反廉愧之節，仁義之厚。信并兼之法，遂進取之業，天下大敗。眾掩寡，智欺愚，勇威怯，壯陵衰，其亂至矣。」(《漢書·賈誼傳》)法治作為改變以亂濟亂局面的一種有力的治世方略，有其積極意義。但正如司馬談所言，法治「可以行一時之計，而不可常用也」(《史記·太史公自序》)。其原因就在於法治理論否定了文教而一味遵從於法，從而使社會的人失去了相互之間的誠信。秦朝否定了文教，形成了造偽飾詐的風俗，這在秦二世胡亥的身上體現得淋漓盡致。賈誼將三代教育太子的狀況與胡亥所受的教育作了比較，從中可以看出文教對國家、社會的重要意義。賈誼曰：

> 古之王者，太子乃生，固舉以禮，使士負之，有司齊肅端冕，見之南郊，見于天也。過闕則下，過廟則趨，孝子之道也。故自為赤子而教固已行矣。昔者成王幼在繈抱之中，召公為太保，周公為太傅，太公為太師。保，保其身體；傅，傅之德；師，道之教訓：此三公之職也。於是為置三少，皆上大夫也，曰太保、少傅、少師，是與太子宴者也。故乃孩提有識，三公、三少固明孝仁禮義以道習之，逐去邪人，不使見惡行。於是皆選天下之端士孝悌博聞有道術者以衛翼之，使與太子居處出入。故太子乃生而見正事，聞正言，行正

> 道，左右前後皆正人也。夫習於正人居之，不能毋正，猶生長於齊
> 而不能不齊言也。(《漢書‧賈誼傳》)

選太保、太傅、太師、少保、少傅、少師以教誨太子，使太子從小浸潤於德行文教之中，以便將來施仁政於天下。秦二世接受的教育與此完全相反：

> 及秦而不然。其俗固非貴辭讓也，所上者告訐也；固非貴禮義也，
> 所上者刑罰也。使趙高傅胡亥而教之獄，所習者非斬劓人，則夷人
> 之三族也。故胡亥今日即位而明日射人，忠諫者謂之誹謗，深計者
> 謂之妖言，其視殺人若艾草菅然。豈惟胡亥之性惡哉？彼其所以道
> 之者非其理故也。(《漢書‧賈誼傳》)

「非其理」指秦朝推行的法治不具有人文性的文化內涵，將治理國家的政策減殺為單純的工具，這與「仁政」形成鮮明的對比。秦朝的遺風延續至西漢初年，董仲舒認為要改變重功利而輕文德的社會風俗，必須進行更化，以文教代替酷吏，才能恢復儒家王道的政治理想。在王道政治背景下，君王才有可能成為仁愛之君。

董仲舒在主張文教的同時，針對秦始皇、秦二世的「自恣之政」，提出了以天限君的理論，以天道論人事，以之作為文教的重要內容。天子是天的兒子，天子應當向天盡奉孝道。天授命天子統理百姓，天子治理天下的方針、政策應當遵從於天，董仲舒提出了「屈君而伸天」的理論。《春秋繁露‧玉杯》云：

> 《春秋》之法，以人隨君，以君隨天。……故屈民而伸君，屈君而
> 伸天，《春秋》之大義也。

「屈君而伸天」是《春秋》立義之一，而《春秋》立義，旨在立人道之義，實際上「屈君而伸天」所闡釋的《春秋》大義仍然是人道大義。《春秋繁露‧楚莊王》云「屈伸之志，詳略之文，皆應之。」蘇輿注云：

> 差世之遠近，為恩隆殺，此屈遠而伸近也。屈民而伸君，屈君而伸
> 天，屈天地而伸義，屈伸之旨大矣。(《春秋繁露義證‧楚莊王》)

蘇輿認為「屈伸之旨」的意義在於「屈天地而伸義」，最終歸結到人事秩序上，達到借天道以論人事的目的。天子如果能效法天，遵從於天，則會得到天的保祐；否則會遭到天的拋棄，天下亦要改朝換代，所以《春秋繁露‧觀德》云：「天之所棄，天下弗祐，桀紂是也。天之所誅絕，臣子弗得立，蔡世子、逢丑父是也。」天之所以有予、奪大權，旨在督促天子遵從天意，施仁

政於天下。天子何以遵從於天？董仲舒提出了以天限君理論，天之所爲，天子亦當爲之。以天限君的理論主要包括任德、限情、限政三個方面。

二、任德、限情與限政

天化生萬物、養成萬物，由此見天有好生之德，以養長天下爲事。董仲舒從主觀、客觀兩個方面分析了君主、天子施行仁政的必然性。《春秋繁露‧諸侯》云：「生育養長，成而更生，終而復始，其事所以利活民者無已。天雖不言，其欲瞻足之意可見也。古之聖人，見天意之厚於人也，故南面而君天下，必以利兼之。」聖人見天意厚德於民，故南面君天下，使民各獲其利，這是聖人主動遵從天意施德於民。《春秋繁露‧堯舜不擅移湯武不專殺》云：「天之生民，非爲王也，而天立王以爲民也。故其德足以安樂民者，天予之；其惡足以賊害民者，天奪之。……言天之無常予，無常奪也。」天立王以爲民則是從客觀的天意出發，以規定天子應當遵從天意，施行仁政於天下。董仲舒將天意表述爲「仁」，「仁之美者在於天。天，仁也。天覆育萬物，既化而生之，有養而成之，事功無已，終而復始，凡舉歸之以奉人。察於天之意，無窮極之仁也」（《春秋繁露‧王道通》）。人生於天，人性的本質也稟承於天，「人之血氣，化天志而仁；人之德行，化天理而義」（《春秋繁露‧爲人者天》），「化天志而仁」即「人之受命於天也，取仁於天而仁也」（《春秋繁露‧王道通》）。人的本性是仁，治理天下當然應當施行仁政。董仲舒還從陰陽與人事的關係闡述了天子應當實施德治，他說：「王者欲有所爲，宜求其端於天。天道之大者在陰陽，陽爲德，陰爲刑；刑主殺而德主生。是故陽常居大夏，而以生育養長爲事；陰常居大冬，而積於空虛不用之處。以此見天之任德不任刑也。……王者承天意以從事，故任德教而不任刑。刑者不可任以治世，猶陰之不可任以成歲也。」（《漢書‧董仲舒傳》）天下萬物隨陽氣而動，隨陽氣而生，隨陽氣而成。陽氣的性質是仁、德，天子奉天而行，當推行仁政、德治，仁政、德治即文教。

限情是董仲舒針對秦始皇和秦二世爲滿足窮奢極欲的生活而隨意妄爲提出來的。董仲舒認爲天子必須仁愛天下，必須對自己的情欲加以節制。董仲舒以天的春夏秋冬與人的喜怒哀樂相對應，以春夏秋冬有時、有度、有節而出，天子的喜怒哀樂也應該有度、有節。《春秋繁露‧王道通》云：

> 人主以好惡喜怒變習俗，而天以暖清寒暑化草木。喜怒時而當則歲

美，不時而妄則歲惡。天地人主一也。然則人主之好惡喜怒，乃天
之暖清寒暑也，不可不審其處而出也。當暑而寒，當寒而暑，必爲
惡歲矣；人主當喜而怒，當怒而喜，必爲亂世矣。是故人主之大守，
在於謹藏而禁內，使好惡喜怒必當義乃出，若暖清寒暑之必當其時
乃發也，人主掌此而無失，使乃好惡喜怒未嘗差也，如春秋冬夏之
未嘗過也，可謂參天矣。深藏此四者，而勿使妄發，可謂天矣。

由「好惡喜怒必當其義」之「義」，董仲舒提出了「義」與「時」相合的理
論。天道有常，四季隨時輪轉，春夏秋冬隨時而出，此爲天道之義。天子的
喜怒哀樂如同春夏秋冬，合於時則爲義，不合於時則爲不義。人事的「時」
指「宜」，喜怒哀樂合時世之宜則爲義，不合時世之宜則爲不義。《春秋繁
露·天容》云：

天之道，有序而時，有度而節，有變而常，反而有相奉，微而至遠，
踔而致精，一而少積蓄，廣而實，虛而盈。……其內自省以是而外
顯，不可以不時。人主有喜怒，不可以不時，可亦爲時，時亦爲義。
喜怒以類合，其理一也。故義不義者，時之合類也，而喜怒乃寒暑
之別氣也。

何爲時世之宜？即處處以國家大事爲重，以黎民百姓的利益爲重。時世之宜
也可以表述爲見善不能無好，見不善不能無惡，不以個人的喜好作爲喜怒哀
樂的動機，而是以善惡作爲喜怒哀樂的動機。喜怒哀樂以善惡作爲標準則爲
義，否則爲不義，董仲舒說：「人主之好惡喜怒，乃天之春夏秋冬也，其俱暖
清寒暑而以變化成功也。天出此四者，時則歲美，不時而歲惡。人主出此四
者，義則世治，不義則世亂。」（《春秋繁露·王道通》）

秦朝時，秦始皇爲了滿足好大喜功的願望，不顧社會凋敝的現實，北築
長城，南攻南嶺；同時，秦始皇和秦二世爲了滿足窮奢極欲的生活，派徐福
入海求仙藥，大興土木修建阿房宮和陵墓，造成民力枯竭，民怨沸騰，最終
導致農民起義的爆發。在董仲舒看來，這些都是違背天道的行爲，天道有常，
天子應當效法天道。天有四時，王有四政，四政應當效法四時。《春秋繁露·
四時之副》云：

天之道，春暖以生，夏暑以養，秋清以殺，冬寒以藏。暖暑清寒，
異氣而同功，皆天之所以成歲也。聖人副天之所行以爲政，故以慶
副暖而當春，以賞副暑而當夏，以罰副清而當秋，以刑副寒而當

冬。慶賞罰刑，異事而同功，皆王者之所以成德也。慶賞罰刑與春
夏秋冬，以類相應也，如合符。故曰：「王者配天，謂其道。」天有
四時，王有四政，四政若四時，通類也，天人所同有也。慶爲春，
賞爲夏，罰爲秋，刑爲冬，慶賞罰刑之不可不具也，如春夏秋冬河
不備也。慶賞罰刑，當其處，不可不發；若暖暑清寒，當其時，
不可不出也。慶賞罰刑各有正處，如春夏秋冬各有時也。四政者，不
可以相干也，猶四時不可相干也。四政者，不可以易處也，猶四時
不可易處也。

董仲舒以四時的時序性規定四政的時序性，從而客觀上避免了天子憑個人喜
好而隨意妄爲的行爲。董仲舒進一步將五行與四時結合，對四政作了具體的
描述，如五行之木與春相配：

木者春，生之性，農之本也。勸農事，無奪民時，使民，歲不過三
日，行什一之稅，進經術之士。挺群禁，出輕繫，去稽留，除桎梏，
開門闔，通障塞。……如人君出入不時，走狗試馬，馳騁不反宮
室，……以奪民時，作謀增稅，以奪民財，則民病疥搔，溫體，足
胻痛。（《春秋繁露・五行順逆》）

在春政中，董仲舒不僅具體規定了天子應當實施的政務，而且列舉了天子不
應當實施的政務，實際上嚴格限制了天子的行爲，從而避免了天子因肆意妄
爲而造成的困頓。再如夏政：

火者夏，成長，本朝也。舉賢良，進茂才，官得其能，任得其力，
賞有功，封有德，出財貨，振困乏，正封疆，使四方。……如人君
惑於讒邪，內離骨肉，外疏忠臣，至殺世子，誅殺不辜，逐功臣，
以妾爲妻，棄法令，婦妾爲政，賜予不當，則民病血臃腫，目不明。
（《春秋繁露・五行順逆》）

如秋政：

金者秋，殺氣之始也。建立旗鼓、杖把旄鉞，以誅殘賊，禁暴虐，
安集，故興師動眾，必應義理。出則祠兵，入則振旅，以閑習之，
因於搜狩。存不忘亡，安不忘危。修城郭，繕牆垣，審群禁，飭兵
甲，警百官，誅不法。……如人君好戰，侵陵諸侯，貪城邑之賂，
輕百姓之命，則民病喉，咳嗽，筋攣。（《春秋繁露・五行順逆》）

不僅如此，董仲舒還提出了五行變救的理論，無非是施行仁政，如木有變，

「春凋秋榮，秋木冰，春多雨。此徭役眾，賦斂重，百姓貧窮叛去，道多饑人。救之者，省徭役，薄賦斂，出倉穀，振窮困矣」（《春秋繁露·五行變救》）。「五行變救」不僅僅意味著天道變異與補救的施政模式，更重要的是為君主在不同時令的施政提供了具體的內容，如火有變，「冬溫夏寒，此王者不明，善者不賞，惡者不黜，不肖在位，賢者伏匿，則寒暑失序，而民疾疫。救之者，舉賢良，賞有功，封有德」（同上）。五行有變，補救的方式即及時施行仁政。

第二章　天人體系下的人性理論

　　孔子以仁爲人性的本質，孔子於生活中呈現的實例當下點撥弟子，通過「吾道一以貫之」達於仁。孟子以善爲人性的本質，孟子由血緣親情擴充至仁，由惻隱之情擴充至善，善端是善，善質亦是善。孔子認識仁，孟子認識仁、善的途徑，都是通過道德體驗以體悟人性的本質，帶有明顯的體悟性特徵。人性本質的證悟，是一個文化高端的概念，廣大的黎民百姓對道的理解往往限制在「日用而不知」的境地，兩者之間的落差阻礙了儒家文化的「普世化」。董仲舒「援天端」以論人事，在「天者，仁也」的框架下闡釋人性的本質，將仁、善納入天道體系，借助人們對天的信念，實現了儒家文化的「普世化」。孟子的性善論，善端亦是善，董仲舒以天闡釋人性，強調善端與善的區別，提出了人性有「天之內」和「天之外」之分。「性有善質而未能爲善」，「善質」是「天之內」，善是「天之外」，由「善質」到善是教化的結果，這是董仲舒的儒學體系一個最鮮明的特徵。由「善質」到善，董仲舒強調「義以正我」在教化中的作用和意義。「義」在董仲舒的人性理論中具有雙重含義：一、人生於天而取化於天，義本原於天；二、義是「宜在我者」，認識到人性本具的義，謂之「自得」；喪失了人性本具的義，謂之「自失」。義的兩重含義是貫通的，義既是人性本具的秩序，亦是天施之在人者。義是天施之在人者，此爲「援天端」以論人性；義作爲人性本具的秩序，「義以正我」則繼承了孟子體悟本心的成德之路。董仲舒提出了「性三品」理論，「性三品」是一種天道意義下的人性闡釋。

　　漢武帝下詔求「天命與性情」的關係，董仲舒答以「天人三策」，總結了先秦時期的人性理論，以天命、天道論性情，賦予人性天道、天命的內涵。

第一節 「生之自然之資，謂之性」的內涵

董仲舒認為認識人性要從「深察名號」開始，他說：「治天下之端，在審辨大。辨大之端，在深察名號。……是非之正，取之順逆；順逆之正，取之名號。」（《春秋繁露‧深察名號》）董仲舒認為，之所以在人性的認識上出現分歧，在於學者沒有理解人性的含義，「今世闇於性，言之者不同，胡不試反性之名？」從正名的角度分析，性解釋為「生」，「性之名非生與？如其生之自然之資，謂之性。性者，質也」（《春秋繁露‧深察名號》）。董仲舒從「類性」的角度解釋了「生」的內涵，闡釋了天道意義下「貪」的本義。

一、作為「類性」存在的人性與物性

在董仲舒的天人體系中，天是萬物的本原，人與萬物同出於天，在天道、天命的背景下，人性與物性的關係是董仲舒必須面對的問題，董仲舒需要將人性與物性的差別明確表達出來，以與他的天道秩序相適應。

人的生理特性與人性的關係是先秦時期人性論探討的核心問題之一，到了西漢初年，學者普遍認為，人的生理屬性高於動物的生理屬性。《漢書‧刑法志》云：「夫人宵天地之貌，懷五常之性，聰明精粹，有生之最靈者也。爪牙不足以供耆欲，趨走不足以避利害，無毛羽以禦寒暑，必將役物以為養，任智而不恃力，此其所以為貴也。」《刑法志》從人生而具有的生理條件論及人相對於其他動物的天生優勢，說明人在生理特性上是高於其他動物的。董仲舒把人高於動物的生理特性納入他的天道、天命體系，以天道、天命作為本原以闡述人的生理特性高於其他動物的生理特性，然後在此基礎上，論述人性的本質。董仲舒認為人與萬物都是稟承天地之氣而生，天地之氣有清濁之分，「氣之清者為精」（《春秋繁露‧通國身》），在天地化生萬物的過程中，人稟承了氣中的「精」氣，所以人在生理特性上要優越於萬物。董仲舒說：

> 天地之精所以生萬物者，莫貴於人。人受命於天也，故超然有以倚。物疢疾莫能為仁義，唯人獨能為仁義。物疢疾莫能偶天地，唯人獨能偶天地。人有三百六十節，偶天地之數也。形體骨肉，偶地之厚也。上有耳目聰明，日月之象也；體有空竅理脈，川谷之象也；心有哀樂喜怒，神氣之類也。觀人之體，一何高物之甚，而類於天也。物旁折取天之陰陽以生活耳，而人乃燦然有其文理。是故

> 凡物之形，莫不伏從旁折天地而行，人獨題直立端尚，正正當之，
> 是故所取天地少者旁折之，所取天地多者正當之，此見人之絕於物
> 而參天地。（《春秋繁露·人副天數》）

人在生理特徵上具有相對於其他動物的優越性，最鮮明的特徵是人能夠直立行走，而動物只能旁折而行。其原因就在於人稟承天地的精氣而生，在天與萬物的關係上，人更切近天道。正是因為人在生理特性上具有比其他動物的優越性，更切近於天道，所以人在生理特性的基礎上，能夠相互仁愛，形成理性的團體，即「群」，「不仁愛則不能群，不能群則不勝物，不勝物則養不足。群而不足，爭心將作，上聖卓然先行敬讓博愛之德者，眾心說而從之。從之成群，是為君矣。歸而往之，是為王矣」（《漢書·刑法志》）。董仲舒強調人優於其他動物的生理特性，旨在說明人相對於動物的生理特性不能和人性的本質等同起來。或者說，相對於動物而言，人在生理特性上所表現出來的優越性並不是人性的本質。作為理性團體的「群」超越了人的生理特性的範圍，已經上陞到人性本質的領域。

　　先秦時期學者談到「生之謂性」的時候，偏重於生理特性。人的生理特性往往強調與其他動物相同的一面，如告子所言「食色，性也」（《孟子·告子上》）。董仲舒強調人的生理特性高於其他動物的生理特性，旨在說明人不同於動物的「類」性。天雖然是人和萬物的本原，但人與萬物在稟承天地之氣而生的時候，就已經有了類性的區別。人能仁愛，能「群」，因而人性（包括生理特性在內）是不同於萬物之性的「類性」。萬物「旁折天地而行」、「疢疾莫能為仁義」，萬物之性同樣是不同於人性的「類性」。性由於實存生命的貫注，不是抽象的性，而是有血有肉的與生命相關聯的性。人與萬物由於稟承天地之氣的不同，表現在實存的生命特徵及本質上是不相同的，與此相關聯的性也是不相同的，此即「類性」。孟子是以「類性」來談論人物之性的，他與告子的一段對話充分反映了「類性」所包含的內容。告子曰：「生之謂性。」孟子曰：「生之謂性也，猶白之謂白與？」曰：「然。」「白羽之白也，猶白雪之白；白雪之白，猶白玉之白與？」曰：「然。」「然則犬之性猶牛之性，牛之性猶人之性與？」（《孟子·告子上》）「犬之性」與「牛之性」是兩種不同的類性，「牛之性」與人性同樣是不同的類性，不能因為「食色，性也」的生理之情而把犬之性、牛之性、人性混為一談。孟子認為人性不同於其他動物之處在於人有仁、義、禮、智四端，這是人的類性。李景林先生對孟子關於

類性的觀點做了進一步的闡釋。李先生認爲，當我們論及「性」的時候，指的是一類物在其整體存在上所顯現出來的根本特性，人性所意謂的是人與動物相區別的、標示人之所以爲人的根本特性，此即「類性」。告子與孟子論人性，都是從「食色之性」的角度來談問題的，「人之作爲人，在其作爲實存的生物本性上，亦表現出它異於動物的獨特性」。也就是說，人異於動物的獨特性，不僅表現在道德性上，也表現在生物本性上，「人之實存即其生物、生理乃至情態性的存在」，「人異於禽獸的特性作爲類性，恰恰通體顯現在人之實存狀態中」。人性作爲「類」的本性，它區別於動物之性的本質是什麼？「人不同於動物，是一個類。標誌這個『類』的獨特本質的，就是人心所同然的『理、義』」〔註 1〕。探討人性的獨特本質，不能脫離「類性」而僅僅論及人的道德性。

性是具體的、作爲貫注於生命的「類」性而存在，這一點董仲舒和孟子的認識是相同的。但是董仲舒對孟子的作爲類性的善提出了質疑，董仲舒說：

> 性有善端，動之愛父母，善於禽獸，則謂之善，此孟子之善。循三綱五紀，通八端之理，忠信而博愛，敦厚而好禮，乃可謂善，此聖人之善也。是故孔子曰：「善人吾不得而見之，得見有常者斯可矣。」由是觀之，聖人之所謂善，未易當也，非善於禽獸則謂之善也。使動其端善於禽獸則可謂之善，善奚爲弗見也？夫善於禽獸之未得爲善也，猶知於草木而不得名知。萬民之性善於禽獸而不得名善，知之名乃取之聖。聖人之所命，天下以爲正。正朝夕者視北辰，正嫌疑者視聖人。聖人以爲無王之世，不教之民，莫能當善。善之難當如此，而謂萬民之性皆能當之，過矣。質於禽獸之性，則萬民之性善矣；質於人道之善，則民性弗及也。萬民之性善於禽獸者許之，聖人之所謂善者弗許。吾質之命性者異孟子。孟子下質於禽獸之所爲，故曰性已善；吾上質於聖人之所爲，故謂性未善。善過性，聖人過善。（《春秋繁露・深察名號》）

在這段資料中董仲舒提出了「質於禽獸之善」和「質於聖人之善」兩個觀念。他認爲孟子所謂的善是「質於禽獸之善」，是相對於禽獸的行爲而言的善，因而不是眞正的善。眞正的善應該是「質於聖人之善」，即「循三綱五

〔註 1〕李景林，《教養的本原》，遼寧人民出版社，1998 年 6 月版，頁 230～231。

紀，通八端之理，忠信而博愛，敦厚而好禮」。善在孟子的人性理論中，既是抽象的、普遍的概念，又是貫注於生命的、與人的情感生活不可分的實存。在孟子的人性理論中，善就是善，不存在「質於禽獸之善」和「質於聖人之善」。董仲舒提出的這兩個概念，實際上是從兩個層次對孟子的性善論作了解析。就動物的存在狀態而言，無所謂善、惡，它是一種原本的自然狀態。人的行為之所以「質於禽獸」而言是善，是就人的生理特性高於禽獸的生理特性的類性而言的。孟子說：「無父無君，是禽獸也。」（《孟子‧滕文公》）作為理性的人，對父母的孝敬，對君長的尊敬，相對於禽獸而言即是善。但是，董仲舒的「質於禽獸之善」的主旨還不在這裡，董仲舒強調人性作為「類性」具有不同的層次，不能把人區別於動物的「類性」等同於人性的本質。「動之愛父母，善於禽獸」在董仲舒看來僅僅是血緣親情，是善端，還不是善。順人之常情而行，做到並不困難，所以董仲舒並不認為是真正的善。真正的善應該是聖人的善，「忠信而博愛」，不能侷限於血緣親情的狹小範圍內。但是，董仲舒恰恰忽略了血緣親情所貫注的善的本質。如前文所言，善不僅僅是一空懸的、抽象的概念，它必須貫注於有血有肉的生命之中，必須貫注於人的親情、真情之中，唯有如此，善才可能是真實存在的、切實的善。如果一個人連父母都不親愛，還能談到對他人的愛、善嗎？孟子正是通過血緣親情中所包含的善端擴充而達於普遍的善。孟子曰：「人之所不學而能者，其良能也。所不慮而知者，其良知也。孩提之童，無不知愛其親者；及其長也，無不知敬其兄也。」（《孟子‧盡心》）「愛親」、「敬兄」為血緣親情，是不學而能、不慮而知的良知良能。「親親，仁也；敬長，義也」，由仁擴充而達於善。在擴充的過程中，在義的「斷制」下，經由了一個「仁者以其所愛，及其所不愛」的轉變，同時血緣親情亦轉變、昇華為普遍的善。孟子的性善論，達於仁、善的途徑主要有兩條。第一，如上文所言，由血緣親情擴充至仁。第二，由「惻隱之心」擴充至善。後者比前者更為直觀。董仲舒注意到了由血緣親情所呈現的善端，但他同時也看到了血緣親情有歧出為私欲的傾向。也就是說，「動之愛父母，善於禽獸」的善端，既可以擴充至善，也可能歧出為私欲。因此，董仲舒認為「性有善質而未能為善」，與聖人之善相比，「質於禽獸之善」並非真正的善。董仲舒所說的「質於聖人之善」指孟子由血緣親情、惻隱之心擴充所達致的善。善是全德，它包容了一切道德心理及道德行為，「循三綱五紀，通八端之理，忠信而博愛，敦厚而好禮」祇是善的

外在表現。

　　善是一個標識人性質的概念,「性有善端」,在孟子那裡,性即是善的,善端正是善的透顯。徐復觀先生認為,在孟子的人性理論中,善端即性是善,「就四端以言性善,並非如董氏所說的『性已善』,而是說『性是善』」〔註2〕。董仲舒所謂的「質與禽獸之善」和「質於聖人之善」,在孟子的人性論中,在本質上是相同的,也就是說在「善質」上是相同的。前者是善端,後者則不僅僅是善質,而且已經全然是善。全然的善在孔子的思想中是一種理想,現實生活中的人往往有這樣那樣的缺點,無法體悟到全然的善,因而在現實生活中沒有十全十美的善人,所以孔子說「善人,吾不得而見之矣」(《論語·述而》)。董仲舒正是基於這一點,認為孟子「愛於父母」的善每個人都可以做到,不足以為貴,僅僅是善端而已,不能稱之為善。

　　總而言之,董仲舒論人性、物性的區別,注重人性、物性作為不同的「類性」而存在。董仲舒之所以強調作為「類性」存在的人性與物性,目的在於說明人在體悟天道上存在不同的層次,如同人性與物性是對天道不同層次的呈現一樣。血緣親情所呈現的善端是一個層次,全然的善是另外一個層次,由善端達致於善必然經歷一個道德修為的過程,因而不能把善端等同於善。人性作為類性不僅有「食色,性也」的生理特性,還具有不同禽獸的理、義之性。相對於禽獸而言,理、義之性是人之所以為人的本性,董仲舒說:「人受命於天,固超然異於群生。人有父子兄弟之親,出有君臣上下之誼,會聚相遇,則有耆老長幼之施;粲然有文以相接,驩然有恩以相受,此人之所以貴也。」(《漢書·董仲舒傳》)董仲舒並沒有否認人性的善質,祇是強調「質於禽獸之善」是善端,善端需要教化才能由「性未善」轉變為「性已善」。教化是董仲舒人性理論的核心內容。

二、董仲舒的情欲觀:天道意義下「貪」的本義

　　董仲舒從「深察名號」的角度,將人性解釋為「生」,「性之名非生與?如其生之自然之資,謂之性」。先秦時期,把性解釋為「生」的主要以告子和荀子為代表。告子說:「生之謂性。」(《孟子·告子》)荀子說:「生之所以然者,謂之性」,「性者,天之就也」,「不事而自然,謂之性」(《荀子·正名》)。

〔註 2〕徐復觀,《兩漢思想史》第二卷,華東師範大學出版社,2001 年 12 月版,頁 250。

同樣解釋性爲「生」，但各自意指不同。告子認爲「食色，性也」，食、色是
人的生理特性，是人的自然之資，任何人都不可避免。食、色之性既然是人
的自然之資，它就是中性的，不能貫以善惡之名。告子認爲，人性不分善與
不善，「性猶湍水也，決諸東方則東流，決諸西方則西流。人性之無分善與不
善也，猶水之無分於東西也」（《孟子・告子》）。與告子不同，荀子雖然沒有
否定人的正當的生理需求，但他認爲食、色之情往往會歧出爲貪欲，貪欲則
趨向於惡，「人生而有欲，欲而不得，則不能無求，求而無度量分界，則不能
不爭，爭則亂，亂則窮」（《荀子・禮論》）。荀子又說：「今人之性，生而有好
利焉，順是，故爭奪生而辭讓亡焉；生而有疾惡焉，順是，故殘賊生而忠信
亡焉；生而有耳目之欲，有好聲色焉，順是，故淫亂生而理義文理亡焉。然
則從人之性，順人之情，必出於爭奪，合於犯分亂理而歸於暴。」（《荀子・
性惡》）「順是」即順著食色之情發展，必然歧出爲欲。荀子的「生之謂性」
包含了情必然歧出爲欲的內容，從而導致惡的產生，荀子由此得出了人性惡
的結論。孟子得出的結論正好與荀子相反，孟子並不否認人天生而然的生理
需求，「口之於味也，有同耆焉；耳之於聲也，有同聽焉；目之於色也，有同
美焉」；但同時，人又是理性的存在，人人皆有惻隱之心、羞惡之心、恭敬之
心、是非之心，由四端達於四德，此即理、義，「至於心，獨無所同然乎？心
之所同然者何也？謂理也，義也，聖人先得我心之同然耳。故理、義之悅我
心，猶芻豢之悅我口」（《孟子・告子》），人性本具的理、義可以充塞本然之
情歧出爲貪欲。與此同時，孟子由血緣親情看到的是仁，由惻隱之心看到的
是善。比較孟子和荀子對「生之謂性」的理解，實際上都是以發展的眼光看
待「生之謂性」，著眼點並不在於「生之謂性」的原初狀態，而在它的動態發
展。

　　孟子雖然沒有明確指出「生之謂性」的內容，但在《孟子》一書中關於
人生而具有的本然之情的論述，從中可以看出孟子關於「生之謂性」的內
容。孟子關於「生之謂性」的內容，基本上包括三個部分：一、人的正常的
生理需求，即食、色之性；二、人生而具有的血緣親情，即「孩提之童，無
不知愛其親」的良知、良能；三、人所具有的「惻隱」、「羞惡」、「恭敬」、「是
非」之情。孟子的「惻隱」、「羞惡」、「恭敬」、「是非」四心首先是由眞實生
命中流露出的眞實情感。就「惻隱之心」而言，首先表現爲對他人的同情，
在對他人的同情之中透顯著人性本具的善。從這一點來看，「惻隱之心」不僅

是情，還是性，性情合而爲一。牟宗三先生明確提出「惻隱之心」、「羞惡之心」、「恭敬之心」、「是非之心」是「本情」，「惻隱、羞惡、辭讓、是非等是心，是情，也是理」〔註3〕，「此諸德之當機呈現，如果因其中有情的意義而可以說情，則亦是即心即理之情，此可曰本情，而不是與性分開的那個情，尤其不是其自身無色而屬於氣的那個情。本情以理言，不以氣言，即以仁體、心體、性體言而爲即心即理即情之情」〔註4〕。仁體、心體、性體直接貫注於情，因而情也是超越的情。「本情」是由性體、仁體、性體承體起用而直接貫注於情，故此情是性體、仁體、心體之情，而性體、仁體、心體是人之所以爲人之本，因而此情稱之爲「本情」。孟子的「惻隱之心」、「羞惡之心」、「恭敬之心」、「是非之心」，從承體起用的角度講既是性，又是情，此情即牟宗三先生所說的「本情」。實際上，從眞實生命的體現而言，「惻隱之心」、「羞惡之心」、「恭敬之心」、「是非之心」首先表現的是一種情感，是發自人心的眞情流露；在此眞情流露中，滲透者人性本然的性體、仁體、心體，所謂逆覺體證正是從人的眞實情感中所呈現出的一點點善而擴充達性體、仁體、心體。「惻隱之心」做爲人的眞情實感之所以能擴充而達本心性體，就在於它是「本情」，是由性體、心體承體起用的直貫而下。

綜合以上分析，先秦時期學者論「生之謂性」，主要包含了三方面內容。第一，正常的生理需求，即「食色，性也」的生理之情。人的生理需求是中性的，是自然而然的天性，不可貫以善惡之名。荀子的性惡論是以現實生活中存在的惡對「生之謂性」的闡釋，人的正常的生理需求歧出爲貪欲，因貪欲而產生惡。第二，血緣親情，即「孩提之童，無不知愛其親者」的良知良能；第三，「惻隱」、「羞惡」、「恭敬」、「是非」之情，由四端能達於仁義禮智，既而擴充至於善。

西漢距離春秋戰國並不遙遠，西漢初期的許多學者又經歷了秦朝的暴政，亂世給社會所帶來的巨大痛苦使人們處於深刻的反思中。西漢初年的文化呈現出融合、總結的趨勢。董仲舒的人性理論誕生在這樣一種文化氛圍中，也深深地打上了時代的烙印。董仲舒的人性理論具有綜合先秦人性理論的特徵。董仲舒以正名號釋性，「性之名非生與？如其生之自然之資，謂之性。性

〔註3〕 牟宗三，《心體與性體》上冊，上海古籍出版社，1999年12月版，頁108～109。

〔註4〕 牟宗三，《心體與性體》下冊，上海古籍出版社，1999年12月版，頁246。

者，質也」(《春秋繁露·深察名號》)，「性者生之質也」(《漢書·董仲舒傳》)，
「性者，宜知名矣，無所待而起，生而所自有也」(《春秋繁露·實性》)，「生
之自然之資」、「性者生之質」、「無所待而起，生而所自有」即告子「生之謂
性」及荀子「生之所以然者，謂之性」。雖然告子、荀子、董仲舒均以「生」
解釋性，但各自意指不同。

　　要徹底瞭解董仲舒人性的內涵，還需要對先秦時期「生之謂性」與善惡
的關係作進一步的闡釋。先秦時期人性論的分歧，追溯根源，是對「食色，
性也」理解上的分歧。告子認為食色之性是人的正常生理需求，是中性的、
無色的，由此他認為性無分於善與不善。現實生活中表現出來的善與惡，是
由於外在環境的影響而產生的結果，即「性猶湍水也，決諸東方則東流，決
諸西方則西流」，這其中就已經暗含著食色之性有歧出為貪欲的傾向。但食色
之性歧出為貪欲，則已經超出了「生之謂性」的質的規定。食色之性歧出為
貪欲，在孟子的人性論中也有表述。孟子說：「水信無分於東西，無分於上下
乎？人性之善也，猶水之就下也。人無有不善，水無有不下。今夫水，搏而
躍之，可使過顙；激而行之，可使在山。是豈水之性哉？其勢然也。」(《孟
子·告子》)「過顙」、「在山」違背了「水之就下」的本性，其中暗含了食色
之性有歧出為貪欲的可能，而且現實生活中確實有惡或者惡的行為存在。朱
熹注曰：「水之過顙、在山，皆不就下也。然其本性未嘗不就下，但為搏、激
所使而逆其性耳。」又曰：「此章言性本善，故順之而無不善；本無惡，故反
之而後為惡。非本無定體而可以無所不為也。」(《四書集注》)「過顙」、「在
山」已經超出了水的本性，與之相對應，食色之性歧出為欲也超出了「生之
謂性」的範圍。但在孟子的人性理論中，這並不意味著人性就是惡的，因為
食色之性雖然有歧出為欲的可能，但同時，人性中具有充塞食色之性歧出為
貪欲的自我制約機制，只要自覺到人性本然具有的仁、義，義以「斷制」人
性，則人的生理需求可保持「生之謂性」的範圍內，惡亦無從產生。從血緣
親情擴充至仁，從惻隱之心擴充至善，則人性的本質是善。以發展的眼光看
待「生之謂性」，荀子則完全與孟子相反。人「生而有好利焉」、「生而有疾惡
焉」、「生而有耳目之欲，有好聲色焉」，荀子從血緣親情看到的是私情，從「食
色之性」看到的是貪欲，「生之謂性」所包含的正當的生理欲望必然歧出為私
欲、貪欲。因此，現實生活中，惡是客觀存在的。

　　在瞭解了先秦時期人性理論在「食色，性也」上的分歧之後，就能更清

楚地理解董仲舒「性有善質而未能爲善」的觀點。董仲舒肯定人的正常生理需求，並以天道、天命的形式強化了這種觀念。天生人以義與利，義以養其心，利以養其體。從這一點來看，對董仲舒關於「情」與「欲」的概念要十分愼重地理解。情是人的天性，人生而具有親愛父母、尊敬兄長之情，「人受命於天，固超然異於群生，人有父子兄弟之親，出有君臣上下之誼，會聚相遇，則有耆老長幼之施；粲然有文以相接，驩然有思以相愛，此人之所以貴也」（《漢書‧董仲舒傳》），「父子兄弟之親」、「耆老長幼之施」不僅僅是教化的結果，溯其根源，乃是人的本然之情。就人的好惡之情而言，「衣服容貌者，所以悅目也；聲音應對者，所以悅耳也；好惡去就者，所以悅心也。故君子衣服中而容貌恭，則目悅矣；言理應對遜，則耳悅矣；好仁厚而惡淺薄，就善人而遠僻陋，則心悅矣」（《春秋繁露‧爲人者天》），「好仁厚而惡淺薄」、「就善人而遠僻陋」也是人的天性，是人的自然情感的流露。因此，董仲舒肯定人的正常的生理需求（食色之性）之情、父子兄弟親愛之情、好仁厚遠僻陋的好惡之情，從這三類情來看，情不僅不是惡的，甚至還是善的。所以，一概認爲董仲舒的情是惡的觀點，是對董仲舒性情論的誤解。誠然，在董仲舒的著作中，確實有情爲惡的論述，但這種論述有更深一層的含義，即食色之性有歧出爲貪欲的自然傾向，血緣親情有歧出爲私情的自然傾向。食色之性、血緣親情作爲人的「天之內」的天性，在外界環境的刺激下演變成貪欲、私情，人性在失去義的「斷制」的情境下，人欲會氾濫成惡。在現實生活中，這種情況是普遍存在的，惡是現實存在的；但不能把惡歸爲人的本性，惡的產生有一個曲折的過程，那種認爲董仲舒主張「性善情惡」的觀點是站不住腳的。生命是眞實存在的生命，性只有、也唯有貫注於生命才有存在的意義。眞實存在的生命是通過情來展現它的豐富、多彩，通過情來展現生命的內涵和本質。也就是說，人性是通過情來展現它的內容、本質及存在的意義。董仲舒認爲「性有善質而未能爲善」，既然性有善質，而情又是惡的，那麼這個善質是通過什麼表現出來的？董仲舒又是依據什麼得出性有善質的結論？很明顯，如果董仲舒主張情是惡的，這個問題則無法解答。董仲舒指出「性有善質而未能爲善」，這並不意味著「性有惡質」。僅僅依據「性有善質而未能爲善」而得出性同時具有「惡質」的觀點，是沒有根據的，不符合董仲舒人性理論的原貌。

那麼人何以能爲惡？在於情具有歧出爲貪欲的生理傾向。「性有善質而未

能爲善」，「未能爲善」即指情有歧出爲貪欲的可能。情有歧出爲欲的可能，這種可能在康德看來祇是一種自然的傾向，在人性中是沒有惡的，惡是在人性本身具有的趨惡的自然傾向上嫁接上去的。善則不同，善是人性的原初稟賦。在董仲舒看來，情具有歧出爲貪欲的生理傾向或者自然傾向，是人生而具有的，是稟承天地之氣而生的，這種自然傾向屬於「天之內」，董仲舒將其描述爲人性之「貪」，「人之誠，有貪有仁。仁貪之氣，兩在於身。身之名，取諸天。天兩有陰陽之施，身亦兩有貪仁之性」（《春秋繁露‧深察名號》）。「貪」既是生理傾向，又是心理傾向，它並不是既成的惡。因此，貪不是現成的惡，貪在董仲舒的人性理論裏主要指趨惡的生理傾向。如果把貪直接表述爲惡，則是對董仲舒人性理論的誤解。董仲舒說「性有善質而未能爲善」，而沒有直接表述爲性是惡或者性有惡質，而是以陰、貪來表述「性未能善」，這其中必有一番曲折，可見董仲舒的良苦用心。馮友蘭先生論及董仲舒的人性理論時，完全秉承董仲舒人性理論的原意，以貪作爲情的外在表現。馮友蘭先生說：「人之心理中，亦有性情二者，與天之陰陽相當。……性之表現於外者爲仁；情之表現於外者爲貪。……貪即情之表現；仁即性之表現也。」又說：「因人之質中有性有情，有貪有仁，故未可謂其爲善。」〔註 5〕馮友蘭先生以仁與貪對舉，而不言及惡，嚴格遵守董仲舒人性論的原意。性與情對舉，亦不言及惡：「人之質中有與情相對之性，故其中實有善；但其中亦有與性相對之情，故不能本來即善。須加以人力，以性禁情，方可使人爲善人。」（同上）「以性禁情」即以人性本有的仁義禮智抑制情歧出爲貪欲，就其有一個情歧出爲貪欲而氾濫成惡的過程，馮先生稱「以性禁情」，而不言「以性禁惡」。

陰陽或者陰氣、陽氣與貪、仁祇是概念上的對應關係，或者說是一種義理性的對應關係。陰或陰氣與「貪」相對應，只能理解爲「貪」是趨惡的生理傾向。惡是趨惡的生理傾向在外物的引誘下產生的行爲結果，並非陰氣或者趨惡的生理傾向本身是惡。「天有陰陽禁，身有情欲栣，與天道一也。是以陰之行不得干春夏，而月之魄常厭於日光。乍全乍傷，天之禁陰如此，安得不損其欲而輟其情以應天。天所禁而身禁之，故曰身猶天也」（《春秋繁露‧深察名號》），「天之禁陰」，禁止陰氣的過度增長以免擾亂了陽氣的運行變

〔註 5〕馮友蘭，《中國哲學史》下冊，華東師範大學出版社，2000 年 11 月版，頁 19。

化；「損其欲而輟其情」，抑制趨惡的生理傾向以免遮蔽了仁心的呈現。所以蘇輿說：「天道好陽而惡陰。此云『陰陽禁』，蓋謂禁陰不使干陽，文便耳。枉情欲之惡，不使傷善，斯善勝矣。治之所以貴克也。」（《春秋繁露義證·深察名號》）「克」即「克己復禮」之「克」，充塞情歧出爲貪欲。

縱觀先秦人性論，之所以出現各種人性爭論，關鍵的分歧點仍然是對「情」的理解。在儒家看來，人性從來不是高高在上、脫離生命存在而言的純粹抽象、概念化的性，性必須貫注於眞實的生命存在才有意義。在原始儒學的人性理論中，性是實存。既然性是貫注於眞實生命的實存，它需要以情來展現自己、表達自己。從某種意義上講，情是性的表達途徑，離開情，性即無從展現。

董仲舒在論述情與欲的關係時，刻意強調情與貪欲的區別。他說：「命者天之令也，性者生之質也，情者人之欲也。」（《漢書·董仲舒傳》）「情者人之欲也」的「欲」可直譯爲欲望，欲望可理解爲正當的欲望，也可以理解爲非分的欲望；但作爲一個完整的詞語，不能把它理解爲貪欲，只有在特定的情境中，當它表現爲非分的欲望時，它才能稱之爲貪欲。「情者人之欲」概括來講意指食色之性的生理需求，它是中性的、無色的，只有當食色之性歧出爲欲時，它才成爲貪欲。蘇輿認爲董仲舒很注意區分情與貪欲的關係，蘇輿論及董仲舒的情與惡的關係時，認爲董仲舒的情並非截然是陰、惡。他說：「『性情一暝，情亦性也。』則是謂性與情同出於質，情有貪欲，即性有仁不能無貪之證。猶天之有陽即有陰，似非以情截然屬陰屬惡。……然董說性情兩有貪仁，而以陰喻情者，情欲之貪易見，性中之仁難顯耳。」（《春秋繁露義證·深察名號》）蘇輿言「情有貪欲」，而非言「情是貪欲」，則把情與貪欲的關係已經表述得很清楚了。「情是貪欲」即情等於惡；「情有貪欲」，言下之意在說情還有非貪欲的一部分，而情又非一現成的固定不變的事物，情作爲體驗，作爲意識流具有流散性、變動性。情的發展可能流爲貪欲，也可能內斂、整肅爲對道德的尊敬，表現爲自愛、持守。董仲舒以陰陽論性情，陰陽與貪仁相對，貪標識情的趨惡傾向，「身有貪仁之性」並非直陳情等於惡，所以蘇輿認爲「似非以情截然屬陰屬惡」，其中有一個情歧出爲貪欲的過程。蘇輿引用孫星衍《原性》以說明情的動態發展：「性之動爲情，……情之動爲欲。性動而之情，變而之欲。變者情也，情動而有欲，變之而不善，化而復遷於善。」（《春秋繁露義證·深察名號》）「性之動爲情」，接著又言「情之動爲欲」，充

分說明情和欲是兩個概念。「性之動爲情」，如前文所言，性不是一孤懸的、脫離生命存在的概念性的性，它必須貫注於生命才能顯現存在的意義。性貫注於生命顯現爲情，所以稱「性之動爲情」。「情之動爲欲」，「欲」指貪欲，指情在人性的趨惡自然傾向作用下歧出爲貪欲。「性動而之情，變而之欲，變者情也」，「變」是情的特性，在外界環境及物欲的引誘下，情歧出爲欲必定是一事實；但不能由此得出人性必然歧出爲欲，更不能得出人性有惡質的結論。人性雖然有趨惡的自然傾向，但善是人性的原初稟賦，仁義禮智爲人心所本有，「理義之悅我心，猶芻豢之悅我口」，理義作爲人性本身具有的秩序，以良知、良能充塞、阻止「生之謂性」之情歧出爲貪欲，並由此轉而向善。董仲舒強調「義以正我」，其意指就在這裡。當然，董仲舒不得不面對情歧出爲貪欲的客觀現實，因爲原始儒學的心性論強調的是對性體、仁體、心體的證悟，證悟即一種體驗的道德境界，客觀的現實是並非每一個人都能達到此境界，因而惡是客觀存在的，也就是說在芸芸眾生中，情歧出爲貪欲是一客觀的現實。針對此，董仲舒一方面強調要興教化，起賢才，以仁政教化天下；同時強調天道、陰陽及禮對人的規範作用。所以蘇輿認爲，董仲舒未嘗以性爲惡，他說：「董未嘗以性爲惡，未嘗以性爲非本善，亦未嘗以爲性不皆善。但以爲性未全善，而有善之端，待於教而後成。如卵不能自爲雞，繭不能自爲絲耳。與荀子所謂性惡，絕異。」（《春秋繁露義證・深察名號》）正當的生理需求（食色之性）不能名以善；雖然它具有趨惡的生理趨勢，但它並不等於惡，因而也不能名以惡。董仲舒之所以強調「性未可全爲善」，目的在於表述中性無色的正當生理需求（食色之性）的特殊品質，它不是惡，但它有趨惡的傾向，在它之上可以嫁接惡。董仲舒強調「義以正我」，他的目的不在於義、禮作爲外在的制度、規範以制約人的行爲，而在於以人性本身具有的「好仁厚而惡淺薄」的「心悅」（《春秋繁露・爲人者天》）之義以充塞本然之情所具有的趨惡傾向，既而通過教化使人成爲道德的人。

董仲舒的性情論基本沒有超出先秦時期性情論的範圍，那種認爲董仲舒以性爲善、以情爲惡的觀點，是對董仲舒性情論不精當的陳述。與此相反，董仲舒認爲當情表現爲「動之愛父母」的血緣親情及「善善惡惡，好榮憎辱」的正義之情時，當食色之情持守在「生之謂性」的規定內而沒有歧出爲貪欲時，它就與性合而爲一。所以董仲舒說：「是正名號者於天地，天地之所生，謂之性情。性情相與爲一暝，情亦性也。」（《春秋繁露・深察名號》）

「情亦性也」指在「生之謂性」的框架下性情合而為一,「生之謂性」即「生之謂情」,以情來表述「生之謂性」,即以惻隱之情、血緣親情、食色之情來表述「生之謂性」,才能使「生之謂性」的人性內容與鮮活的生命貫通為一。馮友蘭先生認為董仲舒所謂性有廣義和狹義之分,狹義的性相對於情而言,廣義的性則與情合而為一。馮先生說:「董仲舒所謂性,似有廣狹二義。就其廣義言,則『如其生之自然之資,謂之性;性者,質也。』依此義,則情亦係人之『生之自然之資』。亦在人之『質』中。故曰:『天地之所生謂之性情,性情相與為一暝,情亦性也。』就其狹義言,則性與情對,為人『質』中之陽;情與性對,為人『質』中之陰。」〔註6〕從馮先生的分析可以看出,廣義的性與情合而為一,為「生之自然之資」,其中必有善質。因此,「情亦性也」並非有些學者所謂的「董子的性有惡質、情亦性吸收了荀子的性惡思想」〔註7〕所言,將性情均理解為貪欲、惡。蘇輿說:「荀子偏言性惡,與董殊科,而後人同稱董荀,非其實矣。」(《春秋繁露義證・深察名號》)當然,董仲舒並沒有忽略情歧出為貪欲的現實性,針對這一點,他強調「義以正我」及教化的作用。

第二節 「性有善端而未能為善」解析:與孟子性善論的異同

董仲舒基本上繼承了原始儒學的性善理論,但在「善端」與「善」的理解上,董仲舒與孟子產生了分歧。

孟子的人性善是就人性的本然以言性,由惻隱之心擴充至善,由血緣親情擴充至仁,人性的本然即仁、善。在現實生活中,有的人意識到了人性是善的,有的人沒有意識到人性是善的,有的人因為受利欲的引誘而遮蔽了善,但就人性的本然而言,人性是善的。孟子的人性善還有另一層含義,即人性的原初狀態是仁、善。孟子說:「惻隱之心,仁也。」(《孟子・告子》)在這裡,孟子並沒有強調「惻隱之心,仁之端也」(《孟子・公孫丑》),而是直接將惻隱之心表述為仁。人性的原初狀態即「生之謂性」,其中的血緣親情與惻

〔註6〕 馮友蘭,《中國哲學史》下冊,華東師範大學出版社,2000 年 11 月版,頁 19。

〔註7〕 王永祥,《董仲舒評傳》,南京大學出版社,1995 年 9 月版,頁 268。

隱之情，在孟子看來就是仁與善，即善端是善。食色之性是中性的，並不影響血緣親情、惻隱之情的性質。所以，孟子的性善理論認為，人性的原初狀態和人性的本然在本質上是一致的。

孟子認為善通過兩個途徑呈現出來：一，人皆有惻隱之心，「惻隱之心，仁之端也」（《孟子·公孫丑》），惻隱之心所呈現的仁，在孟子的思想中也可以理解為善。由於惻隱之心是善的當下呈現，不夾雜任何的功利成分，也不夾雜任何的經驗性的體驗，因而它是人性本然的反映。二，人皆有「無不知愛其親」、「無不敬兄」的血緣親情，又「親親，仁也」，從人生而具有的血緣親情擴充至仁，仁即善。孟子得出「人之性善也，猶水之就下也。人無有不善，水無有不下」的結論。惻隱之心和血緣親情是人生而具有的，所以由之呈現的仁、善即是人性的原初狀態。人性的原初狀態偏重於人性的本原以論性，人性的本然則偏重於「質」以論性。人性的本然是善，人性的原初狀態亦是善。由於兩者的側重點不同，表述人性的方式也不同。人性的原初狀態是相對於人性在現實生活中表現出的善惡差別而言。在現實生活中，善確實存在，但惡也隨處可見；但這並非人性的原貌，而是人在貪欲的作用下做了惡的事情。人性的本然是就人性的「質」以論性，孟子認為人性的本質就是善，善是通過「善端」呈現出來的，「善端」的背後則是善的存在域，善的存在域對於人的體驗、經驗而言，是一相對封閉、自足的系統。孟子「反身而誠」的工夫，就是由血緣親情、惻隱之心所呈現的仁，對此存在域的體驗、證悟。

董仲舒與孟子人性論的分歧，主要表現在對人性的原初狀態的認識。孟子認為人性的原初狀態是善，即善端是善。董仲舒認為人性的原初狀態是包含了惻隱之情、血緣親情、食色之情的「生之謂性」。董仲舒並沒有把血緣親情、惻隱之情直接等同於善。對於食色之性，孟子認為它是人的正常生理需求，並不影響對人性的判定。因此，孟子對食色之性並沒有刻意地描述。但孟子並不否認食色之性的氾濫，如水之「在山」、「過顙」，只不過孟子認為食色之性歧出為貪欲並非人性的本然。董仲舒則認為食色之性對人性有著重要的影響，食色之性歧出為貪欲可以改變人性的性質，他把食色之性、血緣親情歧出為貪欲的生理傾向稱之為「貪」，並以天道具有陰陽來論述人具有貪仁之氣。食色之情、血緣親情不僅具有趨惡的生理傾向，而且現實生活中惡的行為即情歧出為貪欲的結果，因而不能忽視食色之情對人性的影響。血緣親

情是孟子和董仲舒都認可的「善端」，孟子由善端經由「反身而誠」而達於善；董仲舒則強調僅僅有「善端」還遠遠不夠，需要經過教化才能使人性由善端達於善，兩人的側重點有所不同。董仲舒論「善端」、「善質」是從「愛父母善於禽獸」的血緣親情入手，經由教化而達於全然的善。由董仲舒人性論的整個體系來看，他強調人有善質而未能為善，強調本然之情歧出為貪欲對人性的影響，注重教化對培養道德所起的決定性作用。

　　董仲舒認為「性有善質而未能為善」，「善質」與「善」是兩個完全不同的概念。如上文所述，「生之自然之資」包含了惻隱之情、血緣親情、食色之情，由惻隱之情、血緣親情可以透顯出仁、善，在這一點上董仲舒和孟子的認識是相同的。董仲舒把善納入天道體系，以天道來論述善的合理性、必然性。人的血緣親情源之於天，即「天生之以孝悌」，「無孝悌則亡其所以生」（《春秋繁露・立元神》），「人受命於天，有善善惡惡之性」，「今善善惡惡，好榮憎辱，非人能自生，此天施之在人者也」（《春秋繁露・竹林》）。董仲舒以血緣親情、「善善惡惡之性」為善端，而並非全然的善。人雖然受命於天，但天人各有分界，「人之所繼天而成於外，非在天所為之內也。天之所為，有所至而止，止之內謂之天性，止之外謂之人事」（《春秋繁露・深察名號》），人稟承天地的精氣而生，氣有陰陽之分，身有貪仁之性，「貪」即人趨惡的自然傾向，順著此自然傾向發展，貪欲必然轉化為惡。血緣親情雖然透顯出善，但血緣親情作為一種生理之情具有歧出為私欲的傾向；同時食色之性有歧出為貪欲的傾向，而且現實生活中確實存在由血緣親情、食色之情歧出為貪欲而形成惡的行為，所以「生之自然之資」中有善質，但不能等同於善。董仲舒說：「詰性之質於善之名，能中之與？既不能中，而尚謂之質善，何哉？性之名不得離質，離質如毛，則非性已，不可不察也。」（《春秋繁露・實性》）董仲舒以禾與米比性與善：

> 故性比於禾，善比於米。米出禾中，而禾未可全為米也；善出性中，而性未可全為善也。善與米，人之所繼天而成於外，非在天所為之內也。天之所為，有所至而止，止之內謂之天性，止之外謂之人事。事在性外，而性不得不成德。（《春秋繁露・深察名號》）
>
> 禾雖出米，而禾未可謂米也。性雖出善，而性未可謂善也。（《春秋繁露・實性》）

禾與米是兩個完全不同的概念，「禾未可全為米」，即禾中除了米之外，還有

其他的內容。「性未可全爲善」，即性中除了善之外，還有其他的內容，如食色之性。「禾未可全爲米」、「性未可全爲善」是從禾、性的內容上分析禾與米、性與善的關係；「禾未可謂米」、「性未可謂善」則是從「質」上判定禾與米、性與善的關係，禾與米是完全不同的兩種物質，「生之自然之資」與善在性質上也完全不同。同一禾上的米，在其生長過程中，有的可能生長成爲一顆飽滿的米粒，有的可能受自然環境的影響，沒有正常生長而成爲癟粒。董仲舒以禾與米、性與善作比較，目的在於說明「生之自然之資」的人性在發展過程中，由於受環境的影響，可能產生不同的甚至相反的變化，即通過道德教化可以使一個人成爲善良的人，或者放縱食色之性而成爲一個道德敗壞的人。從「生之自然之資」到善有一個教化的過程。爲了充分說明教化對改變人性的作用，董仲舒又以卵與雛、繭與絲比喻性與善：

> 性如繭，如卵。卵待孵而爲雛，繭待繅而爲絲，性待教而爲善，此
> 之謂眞天。……繭有絲而繭非絲也，卵有雛而卵非雛也。比類率然，
> 有何疑焉？（《春秋繁露·深察名號》）

講到「心有善質」，董仲舒又以璞與玉的關係來比喻性與善的關係，他說：

> 性者，宜知名矣，無所待而起，生而所自有也。善所自有，則教訓
> 已非性也。是以米出於粟，而粟不可謂米；玉出於璞，而璞不可謂
> 玉；善出於性，而性不可謂善。其比多，在物者爲然，在性者以爲
> 不然，何不通於類也？卵之性，未能作雛也；繭之性，未能作絲也；
> 麻之性，未能爲縷也；粟之性，未能爲米也。《春秋》別物之理以正
> 其名。名物必各因其眞，眞其義也，眞其情也，乃以爲名。名隕石
> 則後其五，退飛則先其六，此皆其眞也。（《春秋繁露·實性》）

董仲舒強調卵與雛、繭與絲、璞與玉的區別，旨在說明由「善質」到「善」有一個教化的過程，「善質」不能全然等同於「善」。

董仲舒從「善端」入手，分析了性善所包含的內容。孟子曾經說過「無父無君，是禽獸也」（《孟子·滕文公》），董仲舒認爲孟子所謂的性善是相對於禽獸而言的善，相對於禽獸而言的善不是眞正的善，眞正的善應該是聖人之善。即「循三綱五紀，通八端之理，忠信而博愛，敦厚而好禮，乃可謂善，此聖人之善也」。董仲舒認爲「質於禽獸之善」任何人都可以達到，他引用孔子的話以證明善之難爲，以此說明「質於禽獸之善」並非孔子所說的善。以孔子爲標準，善即「聖人之善」。很明顯，一個人如果沒有接受良好的道德教

化，是無法達到聖人之善的。

當然，孟子的性善並非僅僅像董仲舒理解的「質於禽獸之善」，孟子是由血緣親情所透顯的仁以達於善，善是理想的純然的善。孟子與董仲舒論人與物之性，首先講的是類性，類不同，性亦不同，兩者在表述善方面沒有可比性的；董仲舒之所以認為孟子的性善是「質於禽獸之善」，是針對孟子的性是善而言的。以聖人為標準，孔子說「善人吾不得見之」，董仲舒認為孟子所說的善必然不是孔子所說的善，而孟子謂性是善，人性不待教已經是善，由此他斷定孟子的善是「質於禽獸之善」。從以上的分析可以看出，孟子所謂的善在董仲舒那裡已經發生了變化，原因就在於孟子與董仲舒看待性善的角度不同。孟子是就理想的、純然的本質來看待性，董仲舒則從現實生活中人性的表現來看待性。從孟子的角度理解，人性本然是善，人由於喪失了本然的善性，在現實生活中表現出有善有惡；但同時，人性中的善並非歸於沉寂，而是在鮮活的生命中時有呈現，如「惻隱之心」，由「惻隱之心」當機呈現處即可當下體證本然的善。所以孟子的善是理想的、純然的善。董仲舒則直接看到了現實中有善有惡的人性，現實生活中的人性只有善端，沒有經過道德教化，無法到達聖人之善，由此，他理解孟子的性善是「質於禽獸之善」。

董仲舒言「性有善端，心有善質」，強調通過教化使人向善，他對人性的認識基本是善的。徐復觀先生認為董仲舒對性的認定，是善的而不是惡的，董仲舒「立基於性善以為言，與孟子性善之說，並無大差異」〔註8〕董仲舒與孟子不同之處，在於強調「性有善質而未能為善」，董仲舒的觀點是在總結了原始儒學道德發展的理論與現實而得出的結論。原始儒學的道德理論，強調對道德的體悟性認識，通過體悟人性本具的善端，擴充而至於善。孔子教育弟子，就仁的呈現處當下點撥，仁雖然表現在很多方面，但通過「一以貫之」而達於全德。孟子於惻隱之心當下呈現處體悟善，通過「反身而誠」建立挺拔的人格世界。原始儒家證悟本心的道德認識方法，需要一定的文化知識基礎，因而受到社會文化條件的限制。董仲舒分析了「民」的文化特徵：

> 民之號，取之瞑也。使性而已善，則何故以瞑為號？以瞑者言，弗
> 扶將，則顛陷猖狂，安能善？性有似目，目臥幽而瞑，待覺而後見。

〔註8〕徐復觀，《兩漢思想史》中卷，華東師範大學出版社，2001 年 12 月版，頁249。

> 當其未覺，可謂有見質，而不可謂見。今萬民之性，有其質而未能
> 覺，譬如暝者待覺，教之然後善。當其未覺，可謂有善質，而不可
> 謂善，與目之暝而覺，一概之比也。靜心徐察之，其言可見矣。性
> 而暝之未覺，天所為也；效天所為，為之起號，故謂之民。民之為
> 言，固猶暝也，隨其名號以入其理，則得之矣。(《春秋繁露・深察
> 名號》)

「民」的特徵是「有其質而未能覺」，由於道的體悟性特徵，道往往處於「百姓日用而不知」的境地，對處於社會底層、很少有機會接受文化教育的廣大老百姓而言，儒家體悟本心的道德認識途徑是可望而不可及的形上學；相反，由於現實生活的殘酷及人性趨惡的生理傾向，人們對惡的體驗不僅是現實的，而且是切身的；善只因為良知的作用僅僅在人心中保留了一席之地。也正是因為如此，儒家雖然是先秦時期主要的學派之一，但在政治實踐中並未真正取得成功；相反，許多國家打著仁義的旗號，粉飾爭霸戰爭。董仲舒治公羊學，對此有切身的認識。要改變儒學的地位，使儒學真正深入人心，必須在繼承原始儒學證悟本心的道德認識途徑的基礎上，通過推行文教，使儒家文化真正面對廣大的黎民百姓，這是董仲舒強調「性有善質而未能為善」的真正原因。董仲舒通過天道、天命以實現「命以輔義」的道德理想，利用天無可辯駁的至上性以確立道德的至上性，然後通過儒學的教化作用，建立倫理政治一體化的社會。

董仲舒繼承了原始儒學體悟本心的道德認知途徑，他通過天道表述人性本具的善的同時，強調「義以正我」，「義以正我」即通過證悟人性本有的秩序——義，以克己復禮，使人道秩序達於和諧。西漢統一的政治局面為董仲舒實現他的政治理想提供了條件，儒學獨尊地位的形成，標誌著儒家文化正式成為中國二千多年封建社會的官方文化，從而使儒家文化真正面對廣大的黎民百姓，實現了儒家文化的「普世化」。

第三節　「義以正我」的道德修為之路：與荀子人性教化的異同

董仲舒的人性思想與荀子性惡論的關係，學者有不同的看法。一部分學者認為董仲舒的人性思想融合了荀孟並有所發展，這就意味著董仲舒的人性

理論吸收了荀子的性惡思想。對這樣的認識要認眞地分析對待，才能正確區分董仲舒與荀子人性理論的異同。

董仲舒和荀子都是從正名的角度闡釋人性，兩人都看到了人性本具的情歧出爲貪欲的生理傾向，都是以發展的眼光看待「生之謂性」，強調後天的德性教化對改變人性的作用和意義，這是董仲舒和荀子人性思想相同之處。董仲舒和荀子雖然都是從正名的角度闡釋「生之謂性」，但對「生之謂性」的理解是完全不同的；兩人都強調後天的德性教化對改變人性的作用和意義，但兩人對成德之路的理解也是完全不同的。

一、荀子與董仲舒對「生之自然之資，謂之性」理解的異同

荀子給人性下的定義是：「性者，天之就也」，「生之所以然者謂之性」，「不事而自然，謂之性」(《荀子·正名》)。董仲舒給性下的定義是：「性之名非生與？如其生之自然之資，謂之性。性者，質也。」(《春秋繁露·深察名號》)，人性是天然造就的，這一點荀子和董仲舒並沒有多大的分歧。荀子和董仲舒都看到了人性本具的情歧出爲貪欲的生理傾向。

荀子肯定人的各種正常情欲，如食色之性；但是，他認爲在現實生活中，在利欲的引誘下，人的正常情欲必然發展、演化爲貪欲，這是客觀的現實，惡是客觀存在的，從這個意義上講，荀子認爲人性是惡的。荀子說：「饑而欲食，寒而欲暖，勞而欲息，好利而惡害，是人之所生而有也，是無待而自然者，是禹、桀之所同也。」(《荀子·榮辱》)「食欲有芻豢，衣欲有文繡，行欲有輿馬，又欲夫餘財蓄積之富也。然而窮年累世不知足，是人之情也」(《荀子·榮辱》)，「今人之性，生而有好利焉，順是，故爭奪生而辭讓亡焉；生而有疾惡焉，順是，故殘賊生而忠信亡焉；生而有耳目之欲，有好聲色焉，順是，故淫亂生而理義文理亡焉。然則從人之性，順人之情，必出於爭奪，合於犯分亂理而歸於暴」(《荀子·性惡》)。荀子首先提出，禹與桀雖然在人格修養、人格境界上有天壤之別，但在情欲方面的需求上卻是相同的，以此來說明情欲的普遍性。人具有好利惡害及對財富、權力的佔有欲，順著貪欲發展，必然導致爭奪，從而引起社會的混亂。很明顯，荀子強調的是「順是」，即順著人欲或者放縱人欲，必然導致惡的產生。荀子並非簡單地把人的各種正常的生理需求看作惡，在這一點上，董仲舒和荀子的看法基本是相同的，兩人都強調情歧出爲貪欲的生理傾向。荀子特別強調「順是」兩個字，意即

食色之情、血緣親情必然歧出為貪欲，這是人性的本然，並非人所能控制的。荀子針對「順情」、「縱情」，提出了「安情」、「養情」理論。荀子是就人性在現實中所表現出來的惡來說的，現實生活中惡的行為、惡的結果是確然存在的，這說明情欲必然歧出為欲，所以荀子認定人性是惡的。

董仲舒和荀子對「生之謂性」理解的不同之處在於，荀子只看到了情歧出為貪欲的生理傾向及由之導致的客觀存在的惡，而沒有看到血緣親情所透顯的仁及惻隱之心所透顯的善；董仲舒則從孟子的「質於禽獸之善」看到了人性本具的善質。董仲舒認為「性有善質而未能為善」，這並不意味著人性中除了善質之外必定存在與善相對立的惡或者惡質。董仲舒說「性未可全為善」表明人性中除了善質之外，還存在別的內容，這是毫無疑問的。根據先秦時期學者論「生之謂性」的內容，基本上包括三個組成部分：惻隱之情、血緣親情、食色之情。其中惻隱之情和血緣親情中透顯著孟子人性理論所謂的「善端」，同時亦透顯著董仲舒所謂的「善質」。董仲舒所謂的人性中除了「善質」之外的部分，指中性的、無色的食色之性，以及食色之情、血緣親情中包含的趨惡的生理傾向，即食色之情可以在趨惡的生理傾向作用下歧出為貪欲，血緣親情在趨惡的生理作用下可以歧出為私情。但董仲舒並不認為趨惡的生理傾向即是惡，董仲舒沒有提出人性是惡的或者人性中有惡質的觀點。與陰、陰氣相對應的「貪」不能理解為惡，「貪」只能理解為人性趨惡的生理傾向或者心理傾向。董仲舒在闡釋「性有善質而未能為善」時，極力避免使用「惡」字，他的用意就在於肯定食色之性作為人的正當生理需求是人生存所不可或缺的，同時又暗含著食色之情、血緣親情具有趨惡的生理傾向，因而性既不能稱之為「全善」，也不能稱之為惡，「性有善質而未能為善」是人性最精當的表述方式。荀子雖然肯定了人正當的生理需求，但他沒有看到血緣親情、惻隱之情隱含的仁與善，這是他和董仲舒在「生之謂性」理解上的不同。

二、荀子與董仲舒在教化觀念上的異同

董仲舒和荀子在人性理論上相同的地方，還表現在強調後天的教化可以改變人性，使人性歸向於善。這一點表現在天人相分上，荀子認為人性是惡的，人性善是後天教化的結果；董仲舒則強調善質與善有「天性」與「人事」之別，「天之所為有所至而止，止之內謂之天性，止之外謂之人事」，善質屬

於「止之內」，善屬於「止之外」，「生之謂性」是天性，荀子的「化性起偽」
與董仲舒的「待外教然後能善」是人事，荀子和董仲舒都強調後天的教化對
改造人性的意義。但兩人對「教化」的理解是不相同的，荀子針對生活中存
在惡的現實，認定順著好利惡害的人性發展，必然導向惡；反過來講，惡的
存在說明情必然歧出為貪欲，正是在這種意義上，荀子認為人性是惡的。基
於此，荀子提出了以外在的禮制約人性的理論。

　　情必然歧出為欲，貪欲無度必然引起爭奪，爭奪必然引起社會的混亂，
作為人性對立面的禮便應運而生。荀子說：「禮起於何也？曰，人生而有欲，
欲而不得，則不能無求，求而無度量分界，則不能不爭，爭則亂，亂則窮。
先王惡其亂也，故製禮義以分之，以養人之欲，給人之求。使欲必不窮乎物，
物必不屈於欲，兩者相持而長，是禮之所起也。」（《荀子・禮論》）顯而易
見，在荀子的人性理論中，從本原上講，禮作為人性的對立面而出現，禮的
作用就是名分，制約人欲的氾濫。從荀子的人性論來看，情歧出為貪欲而形
成惡，然後聖人起禮儀制度以規範人性，無論從人性的後天發展，還是從聖
人製禮作樂來分析，荀子強調人的理智在人性發展變化中的作用，以理智參
與其中，則把「生之所以然者謂之性」與後天理智參與的人性之「偽」嚴格
區分開來。當然，荀子所謂的理智並非孔子「吾道一以貫之」的理性認知，
也不是孟子由血緣親情、惻隱之情體悟仁、善的理性，而是對人性的一種理
智判斷，一種認知性判斷，一種對情歧出為欲的理智判斷。荀子的人性論，
是其強調「天人之分」的自然觀在社會觀方面的反映，他從「天人之分」立
論，自然引導出「性偽之分」的命題。他認為人性是天然的，而後天的善惡
表現是人為的，故稱為「偽」。「心慮而能為之動，謂之偽」，「慮積焉，能習
焉，而後成，謂之偽」（《荀子・正名》）。人性是惡的，如果任憑惡的人性自
由發展，必然引起社會的混亂。作為理性存在的人，為了整個人類社會的共
存和發展，必然要改變惡的人性，「心慮而能為之動」即是對人的存在作理智
的思考，從而作出理智的選擇。「慮積焉，能習焉，而後成」是一個教化人性
的過程。荀子說：「古者聖人以人性之惡，以為偏險而不正，悖亂而不治，故
為之立君上之勢以臨之，明禮儀以化之，定法正以治之，重刑罰以禁之，使
天下皆出於治，合於善也。是聖王之治而禮義之化也。」（《荀子・性惡》）改
變人性，即「明禮儀以化之」。

　　董仲舒的教化理論主要繼承於孟子，孟子與荀子在教化理論上的差別，

也反映了董仲舒與荀子在教化理論上的不同。孟子和荀子的成德之路完全不同，孟子由惻隱之心所呈現的善、血緣親情所呈現的仁擴充而達於本心，帶有明顯的體悟特徵。孟子所謂的教化，除了最基本的「謹庠序之教，申之以孝悌之義」之外，更深一層的含義是覺悟人性本有的善。孟子說：「天之生此民也，使先知覺後知，使先覺覺後覺也。」「覺」不僅是對一般道德原則的理解，更重要的是對本心善的體悟、證悟。孟子認為自己就是先知、先覺者，「予，天民之先覺者也；予將以斯道覺斯民也。非予覺之，而誰也！」（《孟子·萬章》）原始儒學所謂的道德的先驗根據，指由血緣親情所呈現的仁、惻隱之心所呈現的善擴充而達於本心。因為善是人生而具有的，故能上達於天。惟有以天來貞定德性，道德的人性根據（善）才是充實的，除惡存善才是心靈切實的體驗而不會產生任何的質疑。董仲舒基本上繼承了孟子的道德認識論，在以天道論人性的大前提下，在注重道德培訓、道德教養對成德的作用同時，董仲舒強調體悟的重要性，這是董仲舒和荀子在道德進路方面最大區別。

　　董仲舒肯定了人性的善質，而荀子沒有看到人性中善的因素。人性是否具有善質，是董仲舒和荀子人性理論的本質區別。董仲舒論及人物之別時，說：

> 人受命於天，固超然異於群生，入有父子兄弟之親，出有君臣上下之誼，會聚相遇，則有耆老長幼之施；粲然有文以相接，驩然有恩以相愛，此人之所以貴也。生五穀以食之，桑麻以衣之，六畜以養之，服牛乘馬，圈豹檻虎，是其得天之靈，貴於物也。故孔子曰：「天地之性人為貴。」明於天性，知自貴於物；知自貴於物，然後知仁誼；知仁誼，然後重禮節；重禮節，然後安處善；安處善，然後樂循理；樂循理，然後謂之君子。故孔子曰：「不知命，亡以為君子。」此之謂也。（《漢書·董仲舒傳》）

人貴於物，在於人有「父子兄弟之親」、「君臣上下之誼」、「耆老長幼之施」，這是人有別於動物的理性表現。董仲舒以天道論人性，對此理性進行了表述：

> 天之為人性命，使行仁義而羞可恥，非若鳥獸然，苟為生、苟為利而已。……今善善惡惡，好榮憎辱，非人能自生，此天施之在人者也。……天施之在人者，使人有廉恥。（《春秋繁露·竹林》）

此「善善惡惡」的理性乃人繼承於天，董仲舒得出「性有善端，心有善質」(《春秋繁露・深察名號》) 的結論。人生於天，善端、善質亦源自天，善質首先表現為血緣親情，進而表現為道德情操。董仲舒關於人性本具的道德情操的表述，與孟子如出一轍。孟子說：

> 口之於味也，有同耆焉；耳之於聲也，有同聽焉；目之於色也，有同美焉。至於心，獨無所同然乎？心之所同然者何也？謂理也，義也。聖人先得我心之所同然耳。故理義之悅我心，猶芻豢之悅我口。(《孟子・告子》)

董仲舒說：

> 衣服容貌者，所以悅目也；聲音應對者，所以悅耳也；好惡去就者，所以悅心也。故君子衣服中而容貌恭，則目悅矣；言理應對遜，則耳悅矣；好仁厚而惡淺薄，就善人而遠僻鄙，則心悅矣。(《春秋繁露・為人者天》)

順著「好仁厚而惡淺薄」的人性擴充，便可達於善。董仲舒引用孔子的話以論命，「孔子曰：『天地之性人為貴。』明於天性，知自貴於物；知自貴於物，然後知仁誼；知仁誼，然後重禮節；重禮節，然後安處善；安處善，然後樂循理；樂循理，然後謂之君子。故孔子曰：『不知命，亡以為君子。』此之謂也」(《漢書・董仲舒傳》)。「知命」即體證人性本有的善而上達於天，「知命」從「知自貴於物」達「知仁誼」，再達於「重禮節」，再達「安處善」。達「安處善」則人的道德性命得到天命的貞定，故能「樂循理」。所以，董仲舒從善端、善質達於全善的道德進程，不僅是認知性的，還是體悟性的。董仲舒以天道論人性，除了確立「先立其大」(天者，仁也) 的成德之路、以天道確立道德至上的地位之外，對道德的體悟是達於天人合一的必經之途。

董仲舒認為「性有善質而未能為善」，人生而具有「善善惡惡」之性，好仁厚而惡淺薄是人性的本然，現實中的惡並不能掩蓋人性本有的善。董仲舒說：「蜎蛻濁穢之中，含得命施之理，與萬物遷徙而不自失者，聖人之心也。」(《春秋繁露・天道施》) 董仲舒在肯定人的正當的利益需求的同時，也看到了放縱對利益的追求所帶來的不利因素，特別是利欲對人心的腐蝕，董仲舒說：「利者盜之本也，妄者亂之始也。夫受亂之始，動道之本，而欲民之靜，不可得也。」(同上) 所以，董仲舒強調在獲得適當利益的同時要「節欲」，

並將「節欲」提高到爲政的高度，「制之者，治其所好，是以勸賞而不得多也；制其所惡，是以畏罰而不可過也。所好多，則作福；所惡過，則作威。作威則君亡權，天下相怨；作福則君亡德，天下相賊。故聖人之制民，使之有欲，不得過節；使之敦樸，不得無欲。無欲有欲，各得以足，而君道得矣」（《春秋繁露‧保衛權》）。

　　荀子和董仲舒的教化，都主張「節欲」，荀子以禮作爲與人性對立的制約機制，強調禮對人欲的強製作用。董仲舒也重視禮對人欲的節制，但從本質上講，與荀子不同。董仲舒說：「君子非禮而不言，非禮而不動。好色而無禮則流，飲食而無禮則爭，流、爭則亂。夫禮，體情而防亂者也。民之情，不能制其欲，使之度禮。目視正色，耳聽正聲。口食正味，身行正道，非奪之情也，所以安其情也。」（《春秋繁露‧天道施》）「民之情，不能制其欲，使之度禮」，從文字上看，似乎董仲舒和荀子的觀點相同，禮作爲人欲的對立面而產生。進一步分析，情況則完全不同。在董仲舒的人性理論中，善端與善質源自於天，因而爲人性所本有。董仲舒又說「好仁厚而惡淺薄」而使「心悅」，則「好仁厚而惡淺薄」是人性的「內在之宜」。如同原始儒學，董仲舒認爲人性的本質也是內外貫通，「內在之宜」的外在表現即「外在之宜」，「外在之宜」表現爲禮。所以，董仲舒的禮並非如同荀子的禮那樣作爲人性對立面而存在，而是「善善惡惡」之情的外在表現。董仲舒說：

> 民之情，不能制其欲，使之度禮。……純知輕思則慮達，節欲順行則倫得，以諫爭僩靜爲宅，以禮儀爲道，則文德。是故至誠遺物而不與變，躬寬無爭而不以與俗推，眾強弗能入。蜩蛻濁穢之中，含得命施之理，與萬物遷徙而不自失者，聖人之心也。（《春秋繁露‧天道施》）

「純知輕思」即不爲外物所擾，保持人心的善端與善質，從而能從容應對外物，不失爲人的根本。「節欲順行」即克己復禮，順從「善善惡惡」之性。按照董仲舒的觀點，「民之情」之所以能「度」於「禮」，並不是因爲禮作爲制約機制與人情相對，而是因爲禮「含得命施之理」，是人情、人性的「內在之宜」，人情克守於禮，不僅是應然，而且是實然。

　　在這句話中董仲舒提到了「至誠」這一概念，通貫上下文來看，「誠」即體悟到人性的本善而上達於天，以天來貞定道德情操，達於「至誠遺物而不與變，躬寬無爭而不以與俗推，眾強弗能入」的境界。當然，這個「誠」不

是脫離現實生活與鮮活生命的高高在上的「誠」，而是貫注於整個生命而融入生命的「誠」。董仲舒以「聖人之心」為例證，「聖人之心」融於大眾生活而又挺拔獨立。很顯然，董仲舒的「內在之宜」是一體悟性概念，體悟到人性本有的「善善惡惡」之性，並由之以擴充，才能達於「至誠」。體悟到人性本有的「善善惡惡」之性，便能自覺地節欲以順人之性。現在回過頭來分析「民之情，不能制其欲，使之度禮」這句話，「民之情，不能制其欲」，並非簡單地說人不能自覺地控制情欲，其中隱含了未能證悟「善善惡惡」之性，因而人性本有的「內在之宜」（義）沒有起作用。只有證悟到人性本有的義，則順「善善惡惡」之性，完全可以「制其欲」。當然，董仲舒並沒有否定禮在「民之情，不能制其欲」的情境下的作用，並強調「君子非禮而不言，非禮而不動」。但是，體悟人性本具的「善善惡惡」之性，以節制人欲，是董仲舒教化的核心。董仲舒講天道的微妙之處在於「天地神明之心」，「天地神明之心」通過人事以呈現，「體天之微」即體悟人心的微妙，合而言之，即為「天兩有陰陽之氣，身亦兩有貪仁之性」。由「善善惡惡」之義呈現人性本有的「義」，以義制裁人心，則能節欲，節欲則能化去「貪」性。此為董仲舒天人哲學最基本的成德之路。當然，在體悟性的成德過程中，不可否認「援天端」的意義。

作為中民之性，人們往往意識不到人性本具的義對人心的制裁作用，故而董仲舒稱中民之性為「暝」，「今萬民之性，有其質而未能覺，譬如暝者待覺，教之然後善」（《春秋繁露‧深察名號》）。董仲舒舉了一個很有意義的例子：

> 民不能知，而常反之，皆忘義而殉利，去理而走邪，以賊其身而禍其家。此非其自為計不忠也，則其知之所不能明也。今握棗與錯金，以示嬰兒，嬰兒必取棗而不取金也。握一斤金與千萬之珠，以示野人，野人必取金而不取珠也。故物之於人，小者易知也，其於大者難見也。今利之於人小而義之於人大，無怪民之皆趨利而不趨義也，固其所闇也。（《春秋繁露‧身之養重於義》）

萬民「去理而走邪」的原因在於「知之所不能明」，利欲遮蔽了「善善惡惡」之性。董仲舒教化的核心在於「知之所不能明」之「明」，明「善善惡惡」之性，順人之性以達於善。這一點是董仲舒和荀子在教化理論上最根本的區別。荀子的人性理論，否認人性中有善質，即否定了人性的「內在之宜」

（「內在之宜」並非指食色之性，而是指「善善惡惡」之義）。荀子的教化使人遵守「外在之宜」，荀子的「外在之宜」是一種認知性的應然，「外在之宜」與「內在之宜」處於一種明顯的斷裂狀態，兩者之間並沒有必然的內在聯繫。荀子以人的理智思維來判斷，社會的存在必須每個人遵守共同的規範——禮，禮即外在之宜的表現。教化的作用在於使外在之宜內化成人的道德意識，此是荀子成德的基本途徑。很顯然，荀子的成德之路，與孟子由人心所呈現的善端擴充而達於全善的成德之路，是完全相反的。孟子講求由內到外的通透，由內貫穿於外，進而達成表裏如一、知行合一。荀子則以理智的判斷作基礎，以認知性的道德上的應然凝聚成道德概念、道德原則，然後經過客體主體化過程，使道德概念、道德原則內化為道德意識，使人成為道德的人。

孟子認為，義是人性本然具有的一種秩序，是為人之本，順此生而具有的秩序，仁及其通潤作用的實現才有保證。如同仁不假外求一樣，義是人性的內在之宜，它首先表現為真切生命的血緣秩序，由此內在之宜向外擴充而形成外在之宜。孟子曰：「仁之實，事親是也。義之實，從兄是也。」（《孟子·離婁》）朱熹注曰：「仁主於愛，而愛莫切於事親。義主於敬，而敬莫先於從兄。故仁義之道，其用至廣，而其實不越於事親、從兄之間，蓋良心之發，最為切近而精實者。有子以孝弟為仁之本，其意亦猶此也。」（《四書集注》）「從兄」即是兄弟之間的血緣秩序，這種秩序的根源並不是由於後天的需要而人為地製定的，而是出於人性的本然，這是經過人類歷史漫長演化而積澱於血脈中的人性的必然。「從兄」的內容表現為「敬」，「敬」即「義之實」。與「從兄」相同，「孝」也是血緣親情最基本的秩序，也是「義之實」，是人生而具有的本然秩序。《孝經·聖治》云：「父子之道，天性也。」「父子之道」即父子之間的秩序，「天性」是說父子之間的秩序不是人為製定的，而是出於人性的本然。父子、兄弟之間的秩序在懵懂的孩提階段已經透出端倪，由於其是懵懂的，因而是本然的。孟子曰：「人之所不學而能者，其良能也。所不慮而知者，其良知也。孩提之童，無不知愛其親者；及其長也，無不知敬其兄也。親親，仁也。敬長，義也。無他，達之天下。」（《孟子·盡心》）把父子、兄弟之間的秩序表述為良知、良能，充分說明義是人性的內在之宜。義作為人性本然的秩序，不僅僅是一種概念上的秩序，而有其真切的情感內容，如孝於父母、敬於兄長，「敬」則是義的真切生命內涵。孟子云：「羞惡之心，

人皆有之。……羞惡之心，義也。」（《孟子·告子》）「羞惡之心」是人違反了人性本然具有的秩序而在產生於良心上的羞愧，「羞惡之心」以「心」言，說明義作爲本心的呈現必然有體的存在，不僅僅是邏輯上或者概念上的秩序。子游問孝，子曰：「今之孝者，是謂能養。至於犬馬，皆能有養；不敬，何以別乎？」（《論語·爲政》）孝於父母是一種道德秩序，如果脫離「敬」，秩序則完全淪爲邏輯或者概念意義上的秩序。

董仲舒說：「凡人之性，莫不善義。」（《春秋繁露·玉英》）人性本有的義，究其根源，亦自天。董仲舒以天道之義論證人性之義的至上性，「人之形體，化天數而成；人之血氣，化天志而仁；人之德行，化天理而義」（《春秋繁露·爲人者天》），義的根源在天理，以義正人心，即以天理正人心。以「義」作爲人心的制裁，則能充塞本然之情歧出爲貪欲。在天人體系下，董仲舒雖然以天道表述「義以正我」，天生民以「義」；但是，「善善惡惡」之義是通過「明」來實現的，明人生而具有的「善善惡惡」之性帶有體悟性特徵。董仲舒的教化理論的核心在「知之所不能明」之「明」，明「善善惡惡」之性，「善善惡惡」之性是人性本有的「義」。董仲舒認爲，仁與義相輔相成，但仁義所指向不同，仁指向人，義指向自我，即「仁以安人，義以正我」。眾人由於沒有明察仁與義的關係，把兩者的指向顛倒過來，這是造成人際矛盾的原因。仁義之間的微妙關係，也是「天地神明之心」的表現，要正天人秩序，需要從辨別仁義關係入手，這是《春秋》的意旨之一。董仲舒說：

> 《春秋》之所治，人與我也。所以治人與我者，仁與義也。以仁安人，以義正我，故仁之爲言人也，義之爲言我也，言名以別矣。仁之於人，義之於我，不可不察也。眾人不察，乃反以仁自裕，而以義設人，詭其處而逆其理，鮮不亂矣。是故人莫欲亂，而大抵常亂，凡以闇於人我之分，而不省仁義之所在也。是故《春秋》爲仁義法：仁之法在愛人，不在愛我；義之法在正我，不在正人。我不自正，雖能正人，弗予爲義；人不被其愛，雖厚自愛，不予爲仁。（《春秋繁露·仁義法》）

仁主通潤，「仁者，人也」，「親親而仁民，仁民而愛物」，由「仁者，以其所愛」到「及其所不愛」，以仁愛之心溝通人際關係。義是人性本有的秩序，每個人的人性中有義，則義作爲秩序規範著每個人的行爲，這種規範、秩序不是外在的強制規範，而是人自覺地對自我的規範，董仲舒稱之爲「義以正

我」。仁義關係是天人關係的微妙之處，以仁義關係體天道之微妙，表現於天人秩序。仁主通潤，具體地講，不僅僅指普泛的人際關係的通潤，在董仲舒的天人秩序中，主要指不同等級之間秩序的通潤，即以陰陽定尊卑，陰輔從於陽，則下級輔從於上級。仁的作用主要表現在統治階級要對黎民百姓施以仁愛之心，不做「負且乘」之事，不與下民爭利。如此，則上仁愛於下，下遵崇於上，上下秩序順暢，則陰氣適時消散，惡無從積聚，天人之間相互貫通。

何以能實現仁之通潤？特別是居於統治地位的貴族，家有萬貫資財，身居顯要之位，權勢之極使其易於飛揚跋扈，盤剝壓榨黎民百姓，形成貴族身居陽位而不爲德，從而影響天人秩序的貫通。義作爲人性本有的秩序，以直面良知的「羞愧之心」充塞本然之情歧出爲欲，故朱熹稱「義者，人心之制裁」〔註9〕。董仲舒認爲「以義正我」則能保障仁之通潤，他說：

> 義云者，非謂正人，謂正我。雖有亂世枉上，莫不欲正人。……夫我無之而求諸人，我有之而非諸人，人之所不能受也。其理逆矣，何可謂義！義者，謂宜在我者；宜在我者，而後可以稱義。故言義者，合我與宜以爲一言，以此操之，義之爲言我也。故曰：有爲而得義者，謂之自得；有爲而失義者，謂之自失。人好義者，謂之自好；人不好義者，謂之不自好。以此參之，義，我也，明矣。(《春秋繁露·仁義法》)

「義者，謂宜在我者」，即義爲人性本有的「善善惡惡」之性。不從「善善惡惡」之性，則有孟子所謂的「羞愧之心」，失去羞惡之心，則謂不「自好」，即失去人性本有的制裁。

仁、義體天之微，董仲舒的天道理論特別重視「微」、「始」、「志」。「始」、「微」、「志」是人性變動之端倪。人生而有食色之情、血緣親情，此爲人正常的生理需求，無可厚非；但同時，食色之情、血緣親情隱含著情歧出爲欲的生理傾向。「始」、「微」、「志」是就本然之情歧出爲欲處言人性的變化。人生而有「內在之宜」——義，作爲人性本有的秩序，制約著本然之情歧出爲欲。人從小受道德禮儀的教養，在沒有體悟義的情境下，亦能遵從道德規範，即「百姓日用而不知」(《繫辭傳》)；但這樣一種道德情境因其認知性而無法上達於天，在道德自覺的意義上，喪失了道德的先驗根據。因其沒有得到天

〔註9〕 朱熹，《四書集注》，嶽麓書社，1987年6月版，頁334。

的貞定而處於一種半自覺狀態，董仲舒稱之爲「瞑」，「瞑」即蘊涵了情歧出爲欲的生理傾向，趨惡的生理傾向的萌動處，董仲舒稱之爲「始」、「微」、「志」。「義以正我」在道德情境變化的「始」、「微」、「志」處用力，以充塞本然之情歧出爲欲，既而在仁的通潤作用下，達於人際秩序的暢通。所以，董仲舒將仁義抬高到社會治亂的高度，論述其對於天人關係變化的意義。董仲舒說：

> 仁謂往，義謂來；仁大遠，義大近。愛在仁，謂之仁；宜在我，謂之義。仁主人，義主我也。故曰：仁者人也，義者我也，此之謂也。君子求仁義之別，以紀人我之間，然後辨乎內外之分，而著於順逆之處也。是故內治反理以正身，據禮以勸福；外治推恩以廣施，寬制以容眾。……凡此者，以仁治人，義治我，躬自厚而薄責於外，此之謂也。且《論》已見之，而人不察。曰：「君子攻其惡，不攻人之惡。」不攻人之惡，非仁之寬歟！自攻其惡，非義之全歟！此謂之仁造人，義造我，何以異乎？故自稱其惡謂之情，稱人之惡謂之賊，求諸己謂之厚，求諸人謂之薄；自責以備謂之明，責人以備謂之惑。是故以自治之節治人，是居上不寬也；以治人之度自治，是爲禮不敬也。爲禮不敬則傷行，而民弗尊；居上不寬則傷厚，而民弗親。弗親則弗信，弗尊則弗敬。二端之正詭於上，而僻行之，則誹於下仁義之處可無論乎！夫目不視，弗見；心弗論，不得。雖有天下之至味，弗嚼，弗知其旨也；雖有聖人之至道，弗論，不知其義也。（《春秋繁露‧仁義法》）

人事、政治的變化雖然紛繁複雜，但只要遵循「仁以安人，義以正我」的原則，則貴賤各處其位，順逆各就其序。

董仲舒與荀子對禮的理解也有所不同。雖然都強調禮對行爲的規範作用，但從本原上講，兩者有根本的區別。荀子的禮作爲人性的對立面而出現，禮與人性並非貫通爲一。董仲舒的人性理論，強調內在之宜與外在之宜的貫通，禮亦是人性的體現。

第四節　性三品：一種天道意義下的人性闡釋

董仲舒說：「聖人之性，不可以名性；斗筲之性，不可以名性；名性者，中民之性。」（《春秋繁露‧實性》）學者對董仲舒的性三品說歷來有不同的看法，如以「三品」劃分人性是否合適？人性何止有三等？董仲舒的性三品說

與他的天道、天人體系密切相關，毋寧說性三品是董仲舒天人秩序的體現，是天道之體現於人者。拋開天道、天人秩序談論董仲舒的性三品說，不可避免地割裂了董仲舒人性理論的原意。

董仲舒以天為萬物的本原，萬物稟承天地之氣而生，萬物由於稟氣不同而在智力上呈現出不同的層次，由此形成體悟天道的不同境界。在人物之間，「天地之精所以生物者，莫貴於人」，人由於稟承天地精氣而生，故超然於萬物之上。人優越於動物最明顯的特徵即表現在形體上，「物旁折取天之陰陽以生活耳，而人乃燦然有以文理。是故凡物之形，莫不伏從旁折天地行，人獨題直立端尚，正正當之。此見人之絕於物而參天地」（《深察名號》）。人稟承天地之「精氣」而優越於萬物，故人超然於萬物之上，比萬物更能體天道而參天地。按照萬物稟承天地之氣的層次，在除人之外的萬物之間，也存在不同的層級，如動物比植物優越，在動物之間、植物之間也各有不同的層級，這種層級在優越性上的遞增或遞減，從義理上講，體現了萬物對天道不同層次的呈現。就人而言，「氣之清者為精，人之清者為賢」（《春秋繁露·通國身》），人由於稟承天地之氣的不同，也分為不同的層級，稟氣之清者為賢，稟氣之濁者為愚。賢與愚是人參天地、體悟天道的表現，同時亦是天道在人身上的呈現，即賢與愚是天道秩序、天人秩序的呈現。董仲舒的性三品說正是在天道、天人秩序下對人性的一種表述形式。

關於人性之間的差距，孔子已經做過論述。《論語·季氏》云：「生而知之者，上也；學而知之者，次也；困而學之，又其次也；困而不學，民斯為下矣。」「生而知之者」是可遇而不可求，孔子實際上是強調「學而知之」對成就人格的重要意義。孔子晚年已經是頗具盛名的學問家了，但孔子不以聖人自居。太宰問於子貢曰：「夫子聖者與？何其多能也？」子貢曰：「固天縱之將聖，又多能也。」子聞之，曰：「太宰知我乎？吾少也賤，故多能鄙事，君子多乎哉，不多也。」（《論語·子罕》）孔子是把自己當作「學而知之」者。周桂鈿先認為董仲舒的「性三品」繼承了孔子的人性思想，「聖人之性」相當於孔子的「上智」，「斗筲之性」相當於「下愚」，「中民之性」就是「學而知之者」〔註10〕。所不同的是，董仲舒以天道論人性，把孔子的「上智」、「學而知之」、「下愚」納入天道體系，正如蘇輿所說：「上智得天厚而清，則不墜於惡；下愚得天薄而昏，則終自絕於善，故不可名性。上者不待教，下者不

─────────────────────

〔註10〕周桂鈿，《董學探微》，北京師範大學出版社，1989 年 1 月版，頁 90～91。

可教。」(《春秋繁露義證‧深察名號》)

何謂聖人之性？董仲舒說：「循三綱五紀，通八端之理，忠信而博愛，敦厚而好禮，乃可謂善，此聖人之善也。」(《深察名號》)「聖人之善」即聖人之性，聖人之善既有「忠信而博愛，敦厚而好禮」的善質，又包含了「循三綱五紀，通八端之理」的天人秩序，因而聖人體天道，充分體現了天為人之本的意義。何謂中民之性？中民之性是「民有善質而未能為善」，故曰「瞑」。具有可塑性是中民之性的特點，中民之性有善質而未能為善，「教之然後善」，可見董仲舒的教化理論的對象主要是「中民」。從董仲舒以天道論人性的角度分析，中民之性因其有善質，亦是天道的體現。衹是相對於聖人而言，中民之性對自身所蘊涵的善沒有完全覺悟，沒有從善端、善質達於全善，因而是天道部分的呈現。何謂斗筲之性？周桂鈿先生對「斗筲」做過考證，「斗筲均為量器，斗容十升，筲容十二升。所謂『家無斗筲，鳴琴在室』，就是說沒有斗筲的糧食，還藏著樂器琴。這裡的斗筲指小容量。這種小量器引申為器量，來形容人的才識短淺、器量狹小或者職位卑賤。……斗筲之性，董仲舒沒有明確指出是那些人，大概泛指不可教化的惡人」〔註 11〕。聖人之性、中民之性都是就道德以言性，斗筲之性無疑亦是從道德的角度論人性，所以周桂鈿先生認為斗筲之性指不可教化的惡人。從天人秩序的角度分析，如同聖人之性、中民之性，斗筲之性亦是就人的悟性以論性。斗筲之民因為稟氣的緣故，無法體悟到人性本有的善端、善質，因其無法開啓心靈的善端，故而無法體驗到「善善惡惡」之義，不能「以義正我」，才成為不可教化的惡人。

總而言之，董仲舒的性三品說，是在天道秩序下對人性的表述。雖然就人性本身而言，因其道德修養的不同，可以有不同層次的道德境界；但若全然以人在道德修養上的差異來評述董仲舒的性三品說，則削減了性三品說的天道內涵及天人之間的秩序性。人的道德境界符合於天道秩序，稱之為「德序」，董仲舒說：

> 泰伯至德之侔天地也，上帝為之廢適易姓而子之，讓其至德，海內懷歸之，泰伯三讓而不敢就位。伯邑考知群心貳，自引而激，順神明也。至德以順命，豪英高明之人輻輳歸之，高者列為公侯，下至卿大夫，濟濟乎哉！皆以德序。(《春秋繁露‧觀德》)

〔註11〕周桂鈿，《董學探微》，北京師範大學出版社，1989 年 1 月版，頁 99。

> 德侔天地者，皇天右而子之，號稱天子。其次有五等之爵以尊之，
> 皆以國邑爲號。其無德於天地之間者，州、國、人民，甚者不得
> 繫國邑，皆絕骨肉之屬，離人倫，謂之闇盜而已，無名姓號氏於天
> 地之間，至賤乎賤者也。其尊至德，巍巍乎不可以加矣；其卑至賤，
> 冥冥其無下矣。《春秋》列序位尊卑之陳，累累乎可得而觀也。雖闇
> 且愚，莫不昭然。（《春秋繁露·順命》）

從董仲舒的整個思想體系來看，「德序」是天人秩序的核心，「德序」順則天
人秩序順暢，政通人和，美祥出現；「德序」亂則天人秩序乖逆，上下不和，
妖孽出現。從董仲舒關於「德序」的表述來看，西漢國家的封建等級制度應
該和德序相吻合，天子「德侔天地」，故「皇天右而子之，號稱天子」。天子
之下是「五等之爵」，皆以國、邑爲號。「五等之爵」是官制的重要內容，「王
者制官，三公、九卿、二十七大夫、八十一元士，凡百二十人，而列臣備矣。……
是故天子自參以三公，三公自參以九卿，九卿自參以三大夫，三大夫自參以
三士。……人之材固有四選，如天之時固有四變也。聖人爲一選，君子爲一
選，善人爲一選，正人爲一選，由此而下者，不足選也。四選之中，各有節
也。是故天選四時，十二而天變盡矣。盡人之變合之天，唯聖人者能之，所
以立王事也」（《春秋繁露·官制象天》）。如果說三公、九卿、二十七大夫、
八十一元士尚看不出天道的內涵，那麼聖人、君子、善人、正人則合於德序，
同於天道。由此看來，德序與封建等級官制相吻合，是董仲舒理想的天人構
想。但是，在現實政治生活中，兩者能否合而爲一，成爲董仲舒天人秩序的
難題。周桂鈿先生曾經對此進行了詳細的論述。

　　周桂鈿先生在《董學探微》一書中提到《中國哲學史》1987 年第一期發
表陳德安的《董仲舒的人性四品論》。陳德安認爲董仲舒是把人性劃分成四個
等級：第一等，「過善」的聖人之性，這是極少數的最高層的封建統治人物，
指的是帝王和宰相三公，他們是上天委派下來統治教化人民的；第二等，「美
善」的「上品之性」，指的是官僚貴族、地主、奴隸主、大商人等剝削階級，
他們是上天委派來幫助皇帝統治、教化人民的，他們比聖人稍差些，但比人
民高得多；第三等，善和惡相混的「中品之性」，即「萬民之性」，指的是包
括自耕農和佃農在內的廣大農民群眾和城市手工業者，這是被統治、被教化
的主要對象；第四等，醜惡的「下品之性」，即「斗筲之性」，指的是奴隸、
雇傭勞動者和罪徒，這是社會的最底層，對他們只有採用刑罰，沒有教化的

可能和必要。第一、二等的人是統治者，是剝削階級，第三、四等的人是被統治的勞動群眾，兩大對抗階級的劃分是涇渭分明的〔註12〕。陳德安的階級分析觀點帶有明顯的時代烙印，但對其觀點的解析可以進一步認識董仲舒的性三品理論。陳德安的階級分析方法，把性三品說直接等同於封建等級制，靜態地看待封建等級制與性三品之間的關係，掩蓋了董仲舒性三品說的本質，即掩蓋了性三品說的道德性及人性與天道的關係，是對董仲舒性三品說的誤解。就第一等而言，陳德安把「過善」的聖人之性完全等同於帝王和宰相三公之性，已經背離了董仲舒性三品的原意。根據董仲舒對聖人之性的描述，聖人之性應該是全德，董仲舒提到的聖人有堯、舜、湯、武，「儒者以湯、武爲至賢大聖也，以爲全道究義盡美者，故列之堯、舜，謂之聖王，如法則之」（《春秋繁露·堯舜不擅移湯武不專殺》）。孟子談到堯舜的「聖」性時，是就善以論性，「堯舜，性之也；湯武，身之也」（《孟子·盡心》），具有明顯的道德含義及對天道的體證。董仲舒大力推崇孟子，他的聖人觀念也是繼承於孟子，聖人觀念滲透著道德及天道意識。堯、舜、湯、武是聖人的代表，連孔子都不敢以聖人自居。董仲舒的觀點也很明顯，在西漢初年的歷史環境中是不存在聖人的，董仲舒從來沒有稱頌漢武帝爲聖人，反而對漢武帝的時政進行了批評，以「天人三策」勸諫漢武帝進行更化。陳德安先生直接把聖人之性等同於帝王、宰相、三公之性，是對董仲舒性三品的誤解。陳德安稱封建貴族、地主爲「上品之性」，實際上董仲舒花費了大量篇幅在講統治階級的奢華及對老百姓的盤剝，其目標主要指向封建貴族及地主。而天人秩序的核心就在於當政的貴族，所謂「仁以安人，義以正我」就是對貪得無厭的貴族及地主提出的修身之道。這充分說明處於第二等級的「上品之性」並非如陳德安說完全等同於貴族、地主階級。至於斗筲之性，陳德安稱之爲「醜惡」的「下品之性」，似乎不能概括董仲舒的原意。因爲董仲舒的「斗筲」不僅指在道德上醜惡的人，還包含了另一層含義，即斗筲絲毫不能體驗到天道、天命。陳德安把性三品完全等同於封建等級制，是值得商榷的。董仲舒說：「三公之位，聖人之選也；三卿之位，君子之選也；三大夫之位，善人之選也；三士之位，正直之選也。」（《春秋繁露·官制象天》）周桂鈿先生對此進行了分析：「這是說，要選聖人這種人去充當三公的位子，不是說凡是當了三公的便是聖人。……董仲舒認爲職位應該與人材相應，而實際上並不相應。」

〔註12〕周桂鈿，《董學探微》，北京師範大學出版社，1989年1月版，頁90～91。

〔註 13〕很明顯，董仲舒的「德序」尚且是一種理想，董仲舒提出「德序」理論的目的，就在於力圖使「德序」與封建等級秩序相吻合，建立和諧的社會秩序。

按照董仲舒的理想，人之受命於天，因其對天道的體悟及道德修爲的不同而在人類社會擔任不同的角色，這種角色表現在政治上，就是封建等級制。性三品是「德序」在人性上的反映。但不能否認，理想畢竟是理想，與現實社會、政治存在很大的差距。也正是由於理想與現實之間存在很大的差距，董仲舒強調「眞」，即使處於封建等級制中的貴族、地主的個人修爲與「德序」的天人秩序相吻合。漢武帝評論漢初的政治時說：

> 朕夙寤晨興，惟前帝王之憲，永思所以奉至尊，章洪業，皆在力本任賢。今朕親耕藉田以爲農先，勸孝弟，崇有德，使者冠蓋相望，問勤勞，恤孤獨，盡思極神，功烈休德未始云獲也。今陰陽錯繆，氛氣充塞，群生寡遂，黎民未濟，廉恥貿亂，賢不肖渾淆，未得其眞。（《漢書・董仲舒傳》）

「未得其眞」即指西漢初年官場上人才良莠不齊、魚龍混雜的局面，官職與官員個人的才能及個人道德修爲極其不相符的政治狀況。董仲舒「天人三策」的目的就是要重新建立天人秩序，以使官職與官員的才能、修爲相稱，此即爲「眞」，「眞」是國家達於至治的奧妙所在。董仲舒說：「天地神明之心，與人事成敗之眞，固莫之能見也，唯聖人能見之。聖人者，見人之所不見者也。故聖人之言，亦可畏也。」（《春秋繁露・郊語》）名與實相符是「眞」，「名生於眞，非其眞弗以爲名。名者，聖人之所以眞物也。名之爲言眞也。故凡百譏有黮黮者，各反其眞，則黮黮者還昭昭耳。欲審曲直，莫如引繩；欲審是非，莫如引名。名之審於是非也，猶繩之審於曲直也。詰其名實，觀其離合，則是非之情不可以相讕已」（《春秋繁露・深察名號》）。生命失去了眞，也就失去了存在的意義；社會、政治失去了眞，則官場爾虞我詐，民風薄靡，所以聖人注重名要與實相符，「名物必各因其眞，眞其義也，眞其情也，乃以爲名。名隕石則後其五，退飛則先其六，此皆其眞也。聖人於言，無所苟而已矣」（《春秋繁露・實性》）。何以使名、實相符而歸於「眞」？這正是董仲舒「義以正我」的眞正所指。中民之性待教而覺是董仲舒教化政策的基礎，通過「義以正我」使統治階級的道德修爲與「德序」相符，奉持天道厚民之意

〔註 13〕周桂鈿，《董學探微》，北京師範大學出版社，1989 年 1 月版，頁 91～92。

而施仁政於天下，是董仲舒教化政策的核心。天人秩序的變化主要是由當政的貴族、地主驕奢淫泆、殘酷地盤剝黎民百姓而造成的，使天人秩序復歸於真，需要統治階級從自我做起，體悟人性本有的善，「義以正我」，以仁愛之心對待下民。

綜上所述，對於董仲舒的「德序」，應該持一分爲二的態度。既不能簡單地把「德序」等同於封建等級制，也不能否定「德序」所蘊涵的教化意義。

第五節　「接於肌膚，臧於骨髓」的教化理論

董仲舒認爲「性有善質而未能爲善」，強調「善質」與「善」的區別，旨在闡明由「善質」到「善」必然經歷一個道德完成的過程。在原始儒學，道德的完成是由善端擴充而達於善；在董仲舒，道德的完成及儒家文化的「普世化」是通過教化實現的。

董仲舒所謂的教化，即儒家極力推行的德治，孔子曰：「爲政以德，譬如北辰，居其所而眾星拱之。」（《論語·爲政》）董仲舒以天道之義推行德治，達到命以輔義的目的。他說：

> 天道之大者在陰陽，陽爲德，陰爲刑；刑主殺而德主生。是故陽常居大夏，而以生育養長爲事；陰常居大冬，而積於空虛不用之處。以此見天之任德不任刑也。天使陽出布施於上而主歲功，使陰入伏於下而時出佐陽；陽不得陰之助，亦不能獨成歲。終陽以成歲爲名，此天意也。王者承天意以從事，故任德教而不任刑。刑者不可任以治世，猶陰之不可任以成歲也。爲政而任刑，不順於天，故先王莫之肯爲也。（《漢書·董仲舒傳》）

天道以陽爲主，以陰爲輔，陽主德而陰主刑，亦即天道以德治爲主，以刑罰爲輔。王者效法天意，當推行德治。

德治的主要內容爲「仁義制度之數」，就其陰陽秩序而言，概括爲三綱：

> 仁義制度之數，盡取之天。天爲君而覆露之，地爲臣而持載之；陽爲夫而生之，陰爲婦而助之。春爲父而生之，夏爲子而養之，秋爲死而棺之，冬爲痛而喪之。王道之三綱，可求於天。（《春秋繁露·基義》）

> 道之大原出于天，天不變，道亦不變。（《漢書·董仲舒傳》）

天亙古不變，「王道之三綱」亦亙古不變。「道」不僅指三綱，而且泛指德治，

即儒家的道德倫理教化。違背天道，廢除德治，必然導致社會混亂。從天人
合一的角度看，人道源自天道，違背天道亦即違背人道。董仲舒借天道以言
人事，廢除德治，實際是違背了人性本有的善。周實行德治，秦推行法治，
兩者形成鮮明的對比，董仲舒上書曰：

> 臣聞聖王之治天下也，少則習之學，長則材諸位，爵祿以養其德，
> 刑罰以威其惡，故民曉於禮誼而恥犯其上。武王行大誼，平殘賊，
> 周公作禮樂以文之，至於成康之隆，囹圄空虛四十餘年，此亦教化
> 之漸而仁誼之流，非獨傷肌膚之效也。至秦則不然，師申、商之法，
> 行韓非之說，憎帝王之道，以貪狼爲俗，非有文德以教訓於天下也。
> 誅名而不察實，爲善者不必免，而犯惡者未必刑也。是以百官皆飾
> 虛辭而不顧實，外有事君之禮，內有背上之心。造僞飾詐，趣利無
> 恥；又好用憯酷之吏，賦斂亡度，竭民財力，百姓散亡，不得從耕
> 織之業，群盜並起。是以刑者甚眾，死者相望，而奸不息，俗化使
> 然也。故孔子曰：「導之以政，齊之以刑，民免而無恥」，此之謂也。

（《漢書‧董仲舒傳》）

韓非的學說以法、術、勢爲核心，以好利惡害的人性爲基礎，作爲一種文化
形態存在，自有其合理之處。法家推行的「刑無等級」、「法不以愛」的法治
原則，在諸侯爭霸的戰國時期，曾經極大地調動了百姓的積極性。這種以功
利爲核心的法治原則，適應了兼併戰爭的需要，因而產生了一股強大的力量，
秦國正是在這股力量的推動下統一了六國。但是，法治理論是建立在好利惡
害的人性基礎上的，由於對善的否定而失去了人文內涵。法家的法治理論體
系自身存在著不可調和的矛盾，一方面，人作爲理性的存在，親情、友情、
信任、信譽都是不可或缺的情感需求，這是任何形態的社會不可缺少的，即
使推行法治的秦國、秦朝，這樣的需求也是不可無的。從大量的史料來看，
傳統的人倫道德仍然是秦國、秦朝社會存在的基礎。另一方面，法家的法治
理論宣揚好利惡害的人性，認爲人與人之間眞正存在的是功利關係，所謂親
情、友情、信任、信譽都是假象，只有摒棄這些假象，不爲假象所蒙蔽，一
切斷之以法，才能獲得眞正的公平、平等，即「法不遺愛」、「刑無等級」。這
兩個方面使一個人在道德上處於矛盾狀態，現實的利益需求往往使他採取了
違背道德、人倫的行爲。更重要的是，法家好利惡害的人性取向使社會逐漸
失去了人文性觀念，一個失去人文性觀念的社會是極其可怕的，往往會造成

災難性後果。秦始皇好大喜功，大興土木，使老百姓的生活已經十分貧困。在法治環境中長大的秦二世，不但沒有體恤民情，反而變本加利地盤剝百姓，生活極其奢華腐敗，政治黑暗，結果造成人人自危，社會誠信已經徹底崩潰，最終引發大規模的農民起義，導致秦朝的滅亡。雖然法治在春秋戰國時期曾經取得輝煌的成就，但它是特定歷史條件下的產物，司馬談稱之爲「權宜之計」，並非治理國家的根本方針。治理國家在其本，人心爲本，人心正，風俗方能正。

董仲舒認爲爲政在「體天之微」，「天之微」在人心的微妙，人心的微妙在善惡萌動之際。在善惡萌動之際存善除惡，人心方能歸於正道。實行德治，既切近於「親親者，仁也」的血緣倫理，又符合人性的本然，所以能深入人心，習俗既久，文化的積澱可以深入骨髓，社會文化因爲具有人性內涵而成爲人性化的文化，這是董仲舒極力推崇教化的意義所在。董仲舒說：

> 道者，所繇適於治之路也，仁義禮樂皆其具也。故聖王已沒，而子孫長久安寧數百歲，此皆禮樂教化之功也。王者未作樂之時，乃用先王之樂宜於世者，而以深入教化於民。教化之情不得，雅頌之樂不成，故王者功成作樂，樂其德也。樂者，所以變民風，化風俗也；其變民也易，其化人也著。故聲發於和而本於情，接於肌膚，臧於骨髓。故王道雖微缺，而筦絃之聲未衰也。夫虞氏之不爲政久矣，然而樂頌遺風猶有存者，是以孔子在齊而聞《韶》也。（《漢書·董仲舒傳》）

「接於肌膚，臧於骨髓」即德治切近人心而融於人心。西漢建立到漢武帝當政，統治者實行清靜無爲的黃老之治以修養生息，但社會文化特徵自秦滅亡以後沒有多大的改變，崇尚功利的觀念在民間仍很流行。董仲舒總結了漢代以前的政治並對漢朝建立到漢武帝當政時的文教進行了評價，他說：「聖王之繼亂世也，埽除其迹而悉去之，復修教化而崇起之。教化已明，習俗已成，子孫循之，行五六百歲尚未敗也。……秦繼其後，獨不能改，又益甚之，重禁文學，不得挾書，棄捐禮誼而惡聞之，其心欲盡滅先王之道，而顓爲自恣苟簡之治，故立爲天子十四歲而國破亡矣。自古以徠，未嘗有以亂濟亂，大敗天下之民如秦者也。其遺毒餘烈，至今未滅，使習俗薄惡，人民嚚頑，抵冒殊扞，孰爛如此之甚者也。孔子曰：『腐朽之木不可彫也，糞土之牆不可圬也。』今漢繼秦之後，如朽木糞牆矣，雖欲善治之，亡可奈何。法出而姦

生，令下而詐起，如以湯止沸，抱薪救火，愈甚亡益也。」（《漢書・董仲舒傳》）西周以來的禮樂文化，自秦朝以來已經滌蕩殆盡。董仲舒認為秦朝法治文化的餘毒對西漢初期的習俗仍然產生著影響，「習俗薄惡，人民嚚頑，抵冒殊扞」，漢武帝當政時期的民風可見一斑。董仲舒的「三正」、「三世」及「改正朔」的理論，主張針對前朝弊政，以質文互救。董仲舒的質文互救是在儒家文教範圍內的質文互救，推行法治的秦朝並不在「三正」、「三世」的範圍內。就文質互救的本質而言，兩朝之間改變文教的方式，不僅是應天改制，還有現實政治的原因。秦朝推行法治，導致漢初民風薄靡，以質文互救的原則而言，漢初改制是現實政治的需求。由於秦、漢兩朝在為政理念上的巨大差距，董仲舒稱漢初的改制為「更化」，體現了改制的文教內涵。董仲舒說：

> 今漢繼秦之後，如朽木糞牆矣，雖欲善治之，亡可奈何。法出而姦生，令下而詐起，如以湯止沸，抱薪救火，愈甚亡益也。竊譬之琴瑟不調，甚者必解而更張之，乃可鼓也；為政而不行，甚者必變而更化之，乃可理也。當更張而不更張，雖有良工不能善調也；當更化而不更化，雖有大賢不能善治也。故漢得天下以來，常欲善治而至今不可善治者，失之於當更化而不更化也。古人有言曰：「臨淵羡魚，不如退而結網。」今臨政而願治七十餘歲矣，不如退而更化，更化則可善治，善治則災害日去，福祿日來。《詩》云：「宜民宜人，受祿于天。」為政而宜於民者，固當受祿于天。夫仁誼禮知信五常之道，王者所當脩飭也，五者脩飭，故受天之祐，而享鬼神之靈，德施于方外，延及群生也。（《漢書・董仲舒傳》）

更化的具體內容即修仁義禮智信五常之道。當然，董仲舒的更化並非僅對秦朝習俗的餘毒而言，除此之外，董仲舒從最基本的人性出發，基於「性有善質而未能為善」的人性特點，提出更化的文教政策，以重建儒家的政治、文化系統。董仲舒立論的根據是《春秋》與天道，以天道闡釋《春秋》，是董仲舒公羊學的特點。「元年春，王正月」，《公羊傳・隱公元年》云：「先言春，後言王正月，王效法天也。」董仲舒說：「臣謹案《春秋》之文，求王道之端，得之於正。正次王，王次春。春者，天之所為也（強調「春」在「王」之前）；正者，王之所為也。其意曰，上承天之所為，而下以正其所為，正王道之端云爾。然則王者欲有所為，宜求其端於天。」言及教化，董仲舒說：

　　天生民性有善質，而未能善，於是爲之立王以善之，此天意也。民
　　受未能善之性於天，而退受成性之教於王。王承天意，以成民之性
　　爲任者也。今案其眞質，而謂民性已善者，是失天意而去王任也。
　　萬民之性苟已善，則王者受命尚何任也？其設名不正，故棄重任而
　　違天命，非法言也。《春秋》之辭，內事之待外者，從外言之。今萬
　　民之性，待外教然後能善，善當於教，不當於性。與性，則多累而
　　不精，自成功而無賢聖，此世長者之所誤出也，非《春秋》爲辭之
　　術也。不法之言，無驗之說，君子之所外，何以爲哉？（《春秋繁露・
　　深察名號》）

「性有善質，而未能善」，性「待外教然後能善，善當於教，不當於性」是對
中民之性而言，以此見董仲舒旨在儒家文教的「普世化」，面向最廣泛的民
眾，以實施教化。「善者，王教之化也。無其質，則王教不能化；無其王教，
則質樸不能善」（《春秋繁露・實性》），「中民之性，如繭如卵。卵待覆二十
日，而後能爲雛；繭待繰以涫湯，而後能爲絲；性待漸於教，而後能爲善。
善，教訓之所然也」（《春秋繁露・實性》），「今萬民之性，有其質而未能覺，
譬如暝者待覺，教之然後善」（《春秋繁露・深察名號》），化中民之性爲善，
除了個人的道德自覺以外，文教應該成爲政府的職責。「先覺覺後覺」惟有成
爲政府的職責，才能面對最廣大的民眾，所以董仲舒說：「教，政之本也。」
（《春秋繁露・精華》）

　　在天的「十端」中，董仲舒稱天、地、人爲「三本」，「明教化」爲三本
之一。董仲舒說：「何謂本？曰：天、地、人，萬物之本也。天生之，地養之，
人成之。天生之以孝悌，地養之以衣食，人成之以禮樂，三者相爲手足，合
以成體，不可一無也。無孝悌則亡其所以生，無衣食則亡其所以養，無禮樂
則亡其所以成也。三者皆亡，則民如麋鹿，各從所欲，家自爲俗，父不能使
子，君不能使臣，雖有城郭，名曰虛邑。如此，君枕塊而僵，莫之危而自危，
莫之喪而自亡，是謂自然之罰。自然之罰至，重襲石室，介障險阻，猶不能
逃之也。」（《春秋繁露・立元神》）天爲萬物的本原，仁義度數之所出，故天
爲一本；地輔佐天以生萬物，出衣食以養成萬物，故地爲一本；人稟承天地
之精氣而生，爲萬物最靈者，順承天意以成禮樂，以體現天道與天意。稟承
「天生之孝悌」，以成禮樂，對於中民而言，需要教化。王者的使命即稟承天
意以成教化，教化成則爲國之本立。董仲舒說：

明主賢君，必於其信，是故肅慎三本：郊祀致敬，共事祖禰，舉顯
孝悌，表異孝行，所以奉天本也；秉耒躬耕，採桑親蠶。墾草殖穀，
開闢以足衣食，所以奉地本也；立辟雍庠序，修孝悌敬讓，明以教
化，感以禮樂，所以奉人本也。三者皆奉，則民如子弟，不敢自專，
君如父母，不待恩而愛，不須嚴而使，雖野居露宿，厚於宮室。如
是者，其君安枕而臥，莫之助而自強，莫之綏而自安，是謂自然之
賞。自然之賞至，雖退讓委國而去，百姓襁負其子隨而君之，君亦
不得離也。故以德為國者，甘於飴蜜，固於膠漆，是以聖賢勉而崇
本，而不敢失也。(《春秋繁露·立元神》)

教化是董仲舒天道觀的重要內容，人稟承天地的精氣而生，表現在人性上，
有聖人之性、中民之性與斗筲之性。聖人悟性高，能體天道與天命，其行
事自然不違天命。中民之性有善質而未能為善，中民又占民眾的絕大多數，
天道不僅要體現在聖人身上，還要體現在中民身上，惟有經過教化，中民
之性才能由善質轉化為善。中民之性由善質轉化為善，則可避免邪惡之氣的
積聚。

在董仲舒的天人關係中，從理論上講，天是世界的主宰，天應當是天人
關係的核心；實際上，天道是永恆不變的。所謂天人秩序的變異指人事的劇
烈變動影響了天人關係的和諧，統治者採取相應的措施以調整文教與政治，
或者通過質文互救的方式重新調整統治政策，以恢復正常的天人秩序。在整
個過程中，人始終是行為的主動者。即使董仲舒把災異與美祥歸結於天命，
災異與美祥仍然是人行為的結果。所以董仲舒認為天人關係的微妙之處在人
心，體天之微即體心之微。董仲舒提出了「尊神」與「同心」兩個概念，「體
國之道，在於尊神。尊者，所以奉其政也；神者，所以就其化也，故不尊不
畏，不神不化。夫欲為尊者，在於任賢；欲為神者，在於同心。賢者備股
肱則君尊嚴而國安；同心相承，則變化若神；莫見其所成而功德成，是謂
尊神也。」(《春秋繁露·立元神》)「尊」的意思是民眾順從長上，順從長上
才能推行政令。「神」指變化莫測，「同心」指「善質」經過教化轉化成善，
在道德上達成共識。如此，則尊卑、賢不肖各就其職，政令上傳下達，如
若一人，此謂神。「同心相承，則變化若神」還有另一層意思，即通過教化使
中民達於善，則天子可垂拱而治，此謂神。由此可見，教化是董仲舒天道觀
的重要內容，是達成天人合一的關鍵。中民稟承天地之精氣而生，稟性良

莠不齊；中民之性雖然良莠不齊，但性有「善質而未能爲善」，僅僅是人性不能粹美。有善質便可加工、改造而使之歸於善。董仲舒之「同心」意謂著使不齊之稟性歸於齊整，董仲舒說：「臣聞命者天之令也，性者生之質也，情者人之欲也。或夭或壽，或仁或鄙，陶冶而成之，不能粹美，有治亂之所生，故不齊也。孔子曰：『君子之德風，小人之德草，草上之風必偃。』故堯舜行德則民仁壽，桀紂行暴而民鄙夭。夫上之化下，下之從上，猶泥之在鈞，唯甄者之所爲；猶金之在鎔，唯治者之所鑄。」（《漢書·董仲舒傳》）「唯治者之所鑄」說明中民稟性的改變，在於統治者採取仁義的教化方針，引導民性歸向於善。「一統」思想貫穿了董仲舒哲學整個體系，「同心」即「一統」思想在人心上的的反映。進一步分析，同心不僅是教化的目的，而且是「一統」體系的基礎。「一統」歸根結底是思想的統一，惟有思想的統一，才有整個天人秩序的統一。

第三章　元理論體系

　　關於董仲舒哲學體系中「元」的概念，先賢及時賢有不同的理解。元有本原之義，但不能理解爲宇宙本原或者元氣，也不能僅僅理解爲開端、開始。元具有開始、開端的意思，但如果僅僅停留在開始、開端這一點上，就喪失了董仲舒元哲學的本來含義，而這一點恰恰被學者所忽略。元是存在於天地之前的一種本原性的秩序，它強調「始」、「微」、「正」，重視道德動機，強調君主在天人體系中的地位和作用。元貫通了整個天人體系，天人體系的本原是元，元同時又涵蓋了一切秩序。

　　董仲舒哲學中「元」的概念，學者有不同的理解，主要有三種觀點：元爲宇宙的本原、元爲元氣、元作開端。以元作爲宇宙的本原，其主要的依據是「元者，大始也」，「元者爲萬物之本」，「故元者爲萬物之本，而人之元在焉。安在乎？乃在乎天地之前」（《春秋繁露・玉英》），「元」存在於天、地、人之前，是天、地、人產生的根本。以元作爲萬物的本原，那麼元和天是怎麼樣一種關係呢？元「在乎天地之前」，「《春秋》變一謂之元。元猶原也，其義以隨天地始終也」（《春秋繁露・玉英》），天與地連稱，元「在乎天地之前」的天指自然義的天，而非指作爲整個宇宙的天。董仲舒明確指出天產生萬物，以天作爲萬物的本原，天是董仲舒建立天人體系的基礎，此天即整個宇宙。天不僅產生了物質世界，而且產生了精神世界。天道恒常不變，取法於天道的倫常也恒常不變。那麼元是否等同於作爲整個宇宙的天呢？董仲舒雖然指出「元者，大始也」，元「在乎天地之前」，「元者爲萬物之本」，但是他沒有明確說明萬物產生於元；「萬物之本」的「本」的意思是根本或者本原，而根本或者本原不能只理解爲產生、化生萬物，也可以理解爲事物或者秩序、甚

至一種理念的初始或者根源，它可以不包含產生、化生萬物的內涵。「元者，大始也」，「元者爲萬物之本」恰好體現了元是一種強調初始並蘊涵整個過程的秩序。天不僅化生萬物，而且是倫理道德的源頭；元的含義不在於道德的內容，而在於人事、自然的秩序，其中包含了倫常秩序，但它祇是秩序，而不等同於倫理道德。它是倫理道德秩序的本原，但它不是倫理道德的產生者，天才是產生倫理道德的根源。把倫理道德的內容和秩序區別開來，是區分本原性的天與元的關鍵。在董仲舒的天人體系中，天是宇宙萬物的本原，元則是一種存在於天地之前的本原性的秩序，它強調開端，而且囊括了整個秩序的全過程。

在董仲舒的著作中，元在特定的環境中有元氣的意思，但是不能把「元」等同於元氣。元氣指充沛的有利於人事、萬物的正氣，是一個特定的概念。「元」概念的外延遠遠大於元氣概念的外延，如元所強調的始、微、正的內涵，則是元氣所不具有的。元具有開始、開端的意思，但是如果僅僅停留在開始、開端這一點上，就喪失了董仲舒元哲學的本來含義，也與《春秋》「元年，春，王即位」的本義不符；很顯然，董仲舒的元的概念在強調「大始」的同時，還具有濃重的哲學和歷史的內涵，而這一點恰恰被學者所忽略。

第一節　元作爲一種本原性的中和秩序而存在

元究竟有怎樣的哲學含義？董仲舒認爲，元是存在於天地之前的一種本原性的秩序，就像一粒種子，它蘊涵了在適當的條件下的發芽、生長、開花、結果並最終長成一棵大樹的秩序，這種秩序強調開端，當事物處於最初的萌芽階段時候，最容易受到外界的傷害，也容易矯正。具體地講，元就是天人之際和諧的秩序，它強調始、微、正，強調符合秩序的良好開端對整個秩序的重要意義。何謂本原性的秩序？元作爲本原性的秩序，存在於天地產生之前，尚處於最初的萌芽狀態，董仲舒稱之爲「一」，「一」即具有初始、開端的意思，指秩序最初的狀態，「是以春秋變一謂之元。元猶原也，其義以隨天地始終也」（《春秋繁露‧玉英》）。元是最初的秩序，人事與萬物的秩序都是遵循元而發展、演化出來的，從這一層意義上講，元即爲本原。

一、「元」是存在於天地之前的一種本原性的秩序

探討「元」概念的哲學含義，不能脫離《春秋》與《公羊傳》的本義，

董仲舒以元爲秩序的理論，承接《春秋》與《公羊傳》本義而來，形成了自己的元理論體系，如康有爲所說：

> 孔子之道，運本於元，以統天地，故謂爲萬物本終始天地。孔子本
> 所從來，以發育萬物，窮極混茫。如繁果之本於一核，萌芽未啓；
> 如群雞之本於一卵，元黃巳具。而核卵之本，尚有本焉。屬萬物而
> 貫於一，合諸始而源其大，無臭無聲，至精至奧。不得董子發明，
> 孔子之道本，殆墜於地矣。〔註1〕

「繁果之本於一核」與「群雞之本於一卵」的含義不在於核生出了繁果、卵生出了群雞，而在於核和卵孕育著由核到果、由卵到雞的秩序。董仲舒說：「謂元者，大始也」，「元者爲萬物之本」（《春秋繁露・玉英》）。人之「元」應當指人事秩序的初始，即按照陰卑陽尊的秩序而形成的君臣、父子、夫婦及由此衍生的各種人際關係。人在出生之際就處於秩序之中，所以董仲舒說：「故人惟有終始也，而生不必應四時之變。故元者爲萬物之本。而人之元在焉。安在乎？乃在乎天地之前。故人雖生天氣及奉天氣者，不得與天元本、天元命而共違其所爲也」。（《春秋繁露・玉英》）。蘇輿云：「天固勿違於元，聖人亦不能違天，故云不共違其所爲。元者，天與人所同本也。」（《春秋繁露義證・玉英》）此處的「天」指自然義的天，人與自然義的天都存在於「元」的秩序之中，因而不應該違反「元」的秩序。「元」同時作爲自然義天和人的本原（指秩序），那麼通過論證自然義天的秩序就可以達到論述人事秩序的目的。董仲舒的哲學體系正是通過論述自然義天的規律既而達到論證天的神秘性的目的，再通過人格義的天達到論證倫理義天的目的，構成一個完整的天人感應體系。

孔子作《春秋》的目的是什麼？《公羊傳・哀公十四年》：「君子曷爲《春秋》？撥亂世，反之正，莫近諸《春秋》。」按照公羊學的觀點，孔子作《春秋》的目的在於恢復王道秩序，即「君君、臣臣、父父、子子」的倫理秩序。董仲舒治公羊學，他認爲《春秋》的思想宗旨就在於秩序，《春秋繁露・王道》云：「孔子明得失，差貴賤，反王道之本。譏天王以致太平，刺惡譏微，不遺小大，善無細而不舉，惡無細而不去，進善誅惡，絕諸本而已矣。」在禮壞樂崩的環境下，要恢復王道秩序，必須建立一套全新的哲學體系，於是董仲舒的元理論體系應運而生。董仲舒把元作爲秩序的本原，元不

〔註1〕康有爲，《春秋董氏學》，中華書局，1990年12月版，頁124。

僅僅指倫理秩序，董仲舒還把天人體系納入其中，形成了一個無所不包的秩序體系。

二、元──一種原初性的秩序中和

元是董仲舒天人哲學一個非常重要的概念。在董仲舒的哲學體系中，天是核心，是一切秩序產生的根源。以天表述本原，以天之本原論述人性與社會秩序，使人性與社會秩序有了天的根據。借助天在人心中的信念，以天輔佐教化，血緣倫理的親和性與天的信念性融而爲一，這是董仲舒道德哲學的特徵。但是，以天表述天人秩序的本原，有一定的侷限性。因爲天在人們心中是具體的，形象的，而天人秩序則是一種形而上的義理性秩序。於是，董仲舒用「元」來表述天人秩序的本原，作爲天的補充。「元」是一種在天地之前就已經存在的本原性的秩序，它與本原性的天在時間上、邏輯上都是等同的，祇是各自表述的對象的特徵不同。在董仲舒的哲學體系中，本原性的秩序指一種原初存在的、完美的、和諧而等同於「一」的秩序。「一」在中國古代哲學中具有本原性的意義，是形而上的完美、和諧之意。哲學家往往用它來形容道的原初形態，如老子的「道生一，一生二，二生三，三生萬物」。「元」具有與「一」相同的義理性特徵，既指本原，又指原初秩序，因而以元來表述天人的原初秩序，要比天更爲形象、眞切。「元」就其存在狀態而言是完美的、和諧的，因而「元」本身就是中和，「元」作爲秩序的原初狀態，即中和作爲秩序的原初狀態。只不過「元」作爲一種秩序，是最初的秩序；雖然是最初的秩序，但它亦是十全十美的中和狀態。這種原初的中和狀態不能用一種具體的形態或過程清晰地描述出來，因而是一種義理性的秩序。康有爲把「元」比作一粒種子，一粒種子蘊涵著在適當的溫度、濕度下的發芽、生長、開花、結果，再到種子的生成整個過程，有著豐富的內容。但當我們看著種子的時候，我們看不到發芽、生長、開花、結果的過程，但種子確實孕育了這個發芽、生長、開花、結果的秩序，這個秩序就是義理性的秩序。當我們面對一粒種子，我們雖然看不到發芽、生長、開花、結果的過程；但我們在不同的情境中親身經歷過，所以能把它清楚地描述出來。「元」作爲一種原初的秩序，它在天地之前就已經存在，它本身就是天地秩序的本原。人無法經歷「元」作爲原初秩序的發展、變化過程。因而「元」作爲原初的秩序，是一種義理性秩序。

何謂元？「元者，大始也」，元是秩序的開始。「元者爲萬物之本，而人之元在焉。安在乎？乃在乎天地之前」（《春秋繁露·玉英》），人事秩序的開端在天地產生之前，元作爲一種義理性秩序而存在。董仲舒特別強調元作爲原初秩序的中和意義，這是他治公羊學的眞切體驗。西周時期周文王、周武王的政治，一直是孔子及其後學嚮往的理想政治。春秋時期出現了禮壞樂崩的局面以後，二百四十二年間一直是以亂治亂。所謂「以亂治亂」，指禮壞樂崩之後，禮樂文化的標準已經喪失了，當權的貴族已經無法跳出臣殺君、子殺父的惡性循環的圈子。在人們的道德理念喪失以後，要在亂世中重新確立道德標準是十分困難的。因此，董仲舒特別強調維繫原初中和秩序的重要性。

《公羊傳·隱公元年》：「何言乎王正月？大一統也。」何休注云：「統者，始也，總繫之辭。夫王者，始受命改制，布政施教於天下，自公侯至於庶人，自山川至於草木昆蟲，莫不一一繫於正月，故云政教之始。」何休解「統」爲「始」，「大一統」即具有開端的意思。「大一統」何以有開端的意思？何休無疑將「大一統」不僅僅看作社會行爲或者社會秩序的結果，而且還看作天道本有的原初秩序，「大一統」即具有完美中和的意思。何休進一步分析了「大一統」所蘊涵的開端的意義。何休曰：「即位者，一國之始，政教莫大於正始，故《春秋》以元之氣，正天之端；以天之端，正王之政；以王之政正諸侯之即位；以諸侯之即位，正境內之治。」〔註2〕「政教莫大於正始」即強調一種良好的秩序的開端對於政教的重要意義。如果國君從即位之初即是合法的，他採取的爲政秩序從開端即是完美、和諧的、切於人心的，那麼上行下效，整個爲政體系將由上而下暢通無阻。董仲舒之所以強調君即位的合法性，即是強調秩序的良好開端，針對春秋亂世以亂治亂的現實而言，極力避免陷入以亂治亂的惡性循環的圈子。

董仲舒以天道論人事，以天道中和闡釋人事中和。「元氣」在中國古代養生理論及哲學理論中通常指中和、充沛、剛勁、挺拔之氣。在董仲舒的哲學體系中，「元氣」與「賊氣」對言，《春秋繁露·天地之行》曰：「一國之君，其猶一體之心也，隱居深宮，若心之藏於胸。……布恩施惠，若元氣之流皮毛腠理也，百姓皆得其所，若血氣和平，形體無所苦也。」《春秋繁露·王道》

〔註2〕李學勤主編，《春秋公羊傳注疏》，北京大學出版社，1999 年 12 月版，頁 10。

云：「王正則元氣和順，風雨時，景星見，黃龍下。王不正則上變天，賊氣並見。」元氣應指陰陽平衡的氣，這種氣最適於萬物的生長。「元氣」與「賊氣」相對，那麼元氣不僅陰陽中和，而且具有充沛、剛正的內涵。何休「以元之氣正天之端，以天之端正王之政」即是以天道論政治，強調爲政之「正」，「正」即指至上而下的中和、順暢的秩序。「正」之端最重要的一點就是「正王之位」，君主即位必須合法，言下之意否定篡逆之君。篡逆之君即位，即使施仁政於天下，董仲舒認爲也不能稱之爲「正」。何休所言的「正」，強調原初秩序的完整性，「正」蘊涵了完整、完美、中和之意。

何休的「以元之氣正天之端，以天之端正王之政」之「元氣」，在董仲舒的哲學體系中則表述爲「元」。「元氣」是一具體的、形象的物質性名詞，雖然它包含了中正、中和、剛勁、挺拔的意義，但較「元」而言，削減了形而上的本原義、秩序義。聖人能知微見著，因而聖人能通曉「元」所蘊涵的意義。董仲舒說：「惟聖人能屬萬物於一，而繫之元也。終不及本所從來而承之，不能遂其功。是《春秋》變一謂之元。元，猶原也，其義以隨天地終始也。」（《春秋繁露·玉英》）「終不及本所從來而承之」即是強調元的本原義、中和義。董仲舒說：「其謂統三正者，曰：正者，正也，統致其氣，萬物皆應，而正統正，其餘皆正。凡歲之要，在正月也。法正之道，正本而末應，正內而外應，動作舉措，靡不變化隨從，可謂法正也。」（《春秋繁露·三代改制質文》）「統致其氣，萬物皆應」意思是十一月、十二月、正月陽氣初動，萬物隨陽氣而動，是萬物生長、變化的開端，萬物莫之應而應，變化齊一，此是天道自然變化之「正」。「法正之道，正本而末應」意思是以天道正「王之即位」，實行最理想的中和之道——王道之化，則上行下效，此爲社會秩序之「正」。董仲舒說：「臣謹案《春秋》之文，求王道之端，得之於正。正次王，王次春。春者，天之所爲也；正者，王之所爲也。其意曰，上承天之所爲，而下以正其所爲，則王道之端云爾。」（《漢書·董仲舒傳》）如前文所述，元與天在時間上、邏輯上都是等同的，兩者並無先後、主次之分。元與天相比，更具有秩序的原初性、中和性。「以元之深正天之端」中的「天」，專指自然義的天而言。以「元」正自然之天，即以「元」作爲自然義天的本原。自然義天在董仲舒的哲學體系中多強調天道的秩序性、規律性，因而以「元」正自然義的天則更能體現天道秩序、天人秩序的中和性。以「元」正自然義的天，以天正王之政，以王之政正諸侯之即位，依此類推，「元」的

中和意義則貫穿在整個社會秩序中。春秋亂世，以亂濟亂，「以元正天，以天正王」已無從談起。也正是因爲如此，董仲舒以《春秋》微言大義闡釋「元」秩序的社會歷史意義。董仲舒說：「非其位而即之，雖受之先君，《春秋》危之，宋繆公是也。非其位，不受之先君，而自即之，《春秋》危之，吳王僚是也。」（《春秋繁露‧玉英》）宋繆公、吳王僚「非其位」而即位，《春秋》以之爲危，董仲舒以之爲非「正」。再如董仲舒評價齊桓公曰：「齊桓非直弗受之先君也，乃率弗宜爲君者而立，罪亦重矣。然而知恐懼，敬舉賢人，而以自覆蓋，知不背要盟以自湔浣也，遂爲賢君，而霸諸侯。使齊桓被悉而無此美，得免殺戮乃幸已，何霸之有！」（《春秋繁露‧玉英》）齊桓公非其位而立，不合於「正」，故董仲舒認爲齊桓公若無「九合諸侯，一匡天下」的偉業，「得免殺戮」已是萬幸。

　　中和論是董仲舒天道觀的核心內容，在董仲舒的心目中，西周時期周文王、周武王的政治文化是最理想的王道政治，從王道秩序的角度來看，王道政治即一種中和政治。董仲舒說：

> 《春秋》何貴乎元而言之？元者，始也，言本正也。道，王道也；王者，人之始也。王正，則元氣和順，風雨時，景星見，黃龍下。……五帝三王之治天下，不敢有君民之心，什一而稅。教以愛，使以忠，敬長老，親親而尊尊。不奪民時，使民不過歲三日。民家給人足，無怨望忿怒之患、強弱之難，無讒賊妒疾之人。民修德而美好，被髮銜哺而游，不慕富貴，恥惡不犯。父不哭子，兄不哭弟。毒蟲不螫，猛獸不搏，抵蟲不觸。故天爲之下甘露，朱草生，醴泉出，風雨時，嘉禾興，鳳凰麒麟遊於郊。（《春秋繁露‧王道》）

五帝三王施仁政於天下，統治者博愛於下，下民尊崇於上，上下和諧，民風淳樸，則美祥出現。王道中和貫通上下，實爲義理性中和。董仲舒說：「中者，天地之太極也」，「中者，天地之所終始也；而和者，天地之所生成也。夫德莫大於和，而道莫正於中。中者，天地之美達理也，聖人之所保守也」（《春秋繁露‧循天之道》）。「太極」、「道莫正於中」是義理性的表述，與其說鳳凰麒麟是眞實事物的呈現，不如說是義理性地呈現。

第二節　「始」、「微」、「正」對天人秩序的意義

　　元作爲本原性的秩序，董仲舒強調秩序發生的開端、秩序變化的微妙及

道德動機的純正對維繫天人中和秩序的意義。

一、「始」、「微」、「正」——秩序發生之幾

　　事物的發展必然要經過由弱到強的過程，當事物處於微弱階段時，最容易受到破壞，也容易矯正，所以董仲舒強調「微」在天人秩序中的特殊意義。何休簡單地把「元」理解爲元氣，與董仲舒把元理解爲秩序不同，但是兩人關於「元年，春，王正月」中所蘊涵的「始」、「微」、「正」的理解基本上是相同的。「微」由自然事物發展的微弱推理到人事、天道的微妙，基本上都遵循以自然論理的方法。《公羊傳・隱公元年》：「曷爲先言王而後言正月？王正月也。」何休注：「夏以斗建寅之月爲正，平旦爲朔，法物見，色尚黑；殷以斗建丑之月爲正，雞鳴爲朔，法物牙，色尚白；周以斗建子之月爲正，夜半爲朔，法物萌，色尚赤。」徐彥疏：「凡草物皆十一月動萌而赤，十二月萌牙始白，十三月萌芽始出而黑，故各法之，故《書傳略說》云：『周以至動，殷以萌，夏以芽。』」〔註3〕十一月、十二月、十三月正是陽氣萌動而萬物隨之生長的開端，這是萬物統一的開始，符合「元」的本原含義，這也是「大一統」的本原含義。《白虎通・三正》云：「不以二月爲正者，萬物不齊，莫適所統，故必以三微之月也。」二月萬物發展參差不齊，屬於元秩序的過程而不是開端，所以不能作爲萬物之正，二月是大一統所包含的秩序，而不具有大一統「始」、「微」、「正」的意義。通過對萬物萌動的「三微之月」與萬物發展參差不齊的二月的比較，公羊家表明了「元年，春，王正月」的眞正含義在於只有理順了人事、天道初始的秩序，才能疏通整個天人的秩序，這就是「始」、「微」、「正」的眞正含義。魯定公即位，《春秋》曰：「元年，春，王。」《春秋》不言「王正月」，以「微辭」譏諷季氏當政，不順於天人秩序。何休注云：「今無正月，昭公出奔，國當絕，定公不得繼體奉正，故諱爲微辭，使若即位在正月後，故不書正月。」徐彥疏云：「何氏更言昭公出奔，國當絕，定公不得繼體奉正者，正以書正月，大一統也，明不但一即位而已。」〔註4〕正的意思很清楚，人事、天道或者天人關係在初始就要清理順暢，否則就不能稱其爲「一統」。元之所以爲本原，不僅有開始、開端的意思，還有「一統」的內涵，要實現一統，就要從「正」入手。「始」、

〔註3〕李學勤主編，《春秋公羊傳注疏》，北京大學出版社，1999年12月版，頁8。
〔註4〕李學勤主編，《春秋公羊傳注疏》，北京大學出版社，1999年12月版，頁544。

「微」、「正」、「一統」之間相互交融而統歸於元。天人秩序從元開始，而歸於一統。所以董仲舒說：

> 正者，正也，統致其氣，萬物皆應，而正統正，其餘皆正。凡歲之
> 要，在正月也。法正之道，正本而末應，正內而外應，動作舉錯，
> 靡不變化隨從，可謂法正也。（《春秋繁露·三代改制質文》）

孔子作《春秋》的目的就在於撥亂反正，由天到人，秩序順暢而天道流行，這是元與「一統」的本質內涵。

重視「始」、「微」、「正」是董仲舒元哲學最顯著的特點，這不僅是儒家文化本質的產物，同時也是儒家文化歷史發展的必然結果。禮壞樂崩的源頭在貴族自身，貴族的行為在一些敏感的問題上，在儒家的倫理規範中往往能得到正反兩種論證，如商朝取代夏朝，一種論證是紂殘賊天下，湯受命而王；另外一種截然相反的論證則是湯違背了人臣之道。同一種行為在儒家的道德規範中形成兩種截然相反的倫理論證，這是人欲衝破道德樊籬的契機，由此導致禮壞樂崩的社會現實。禮壞樂崩之後，要恢復王道政治的秩序，對儒家而言，是相當困難的。儒家的政治理想是建立倫理化的社會，而道德的培養和倫理化的社會風氣的形成，需要一個漫長的過程。再加之儒家文化的內傾性特徵，在「爭於氣力」的春秋戰國時期，儒家文化對撥亂反正的社會需求無能為力。對於儒家文化在亂世中的作用，荀子也曾提出過質疑，他說：「君子治治，非治亂也。曷謂也？曰：禮義之謂治，非禮義之謂亂也。故君子者，治禮義者也，非治非禮義者也。然則國亂將弗治歟？」（《荀子·不苟》）西漢統一以後，在儒學重新興起的時候，學者不得不思考儒家在春秋戰國亂世所遭遇的尷尬境地，以避免儒家文化重蹈覆轍。董仲舒認為既然儒家無力撥亂反正，那麼解決問題的方法就是要極力避免王道政治的秩序遭到破壞，從本原做起，極力維護王道政治，這是他強調「元」的意義所在，正本清源是董仲舒元理論體系的核心。孔子關於元所包含的重要意義，董仲舒甚至認為子路都無法洞見，「知元年志者，大人之所重，小人之所輕。是故治國之端在正名。名之正，興五世，五傳之外，美惡乃形，可謂得其真矣，非子路之所能見」（《春秋繁露·玉英》）。《公羊傳·隱公元年》：「何言乎王正月？大一統也。」何休注：「統者，始也，總繫之辭。」《春秋繁露·玉英》：「謂元者，大始也。」「一統」指秩序，「元」則強調秩序的開端並且蘊涵了由開端而演化出的整個秩序，「元」和「一統」相互交錯，沒有秩序順暢的開端，

也就談不到「一統」；而只有維護穩定的「一統」秩序，才能避免儒家遭遇亂世的尷尬，元的本質意義就在此。董仲舒說：「惟聖人能屬萬物於一，而繫之元也。終不及本所從來而承之，不能遂其功。」(《春秋繁露‧玉英》)「本所從來」即指元，「不能遂其功」指儒學的功用，不能本於「元」，則仁政不能獲得成功。從一定程度上講，「元」初的秩序，是推行儒家倫理教化的前提條件，正名則是正元，孔子講「名不正則言不順；言不順則事不成，事不成則禮樂不興，禮樂不興則刑罰不中，刑罰不中則民無所措手足」(《論語‧子路》)。董仲舒強調正名，他說：「治天下之端，在審辨大。辨大之端，在深察名號。名者，大理之首章也。錄其首章之義，以窺其中之事，則是非可知，逆順自著，其幾通於天地矣。」(《春秋繁露‧深察名號》)董仲舒把正名抬高到「通於天地」的地位，可見正名在董仲舒哲學中所具有的重要意義。「是非之正，取之順逆；順逆之正，取之名號；名號之正，取之天地，天地爲名號之大義也」(《春秋繁露‧深察名號》)，天爲陽，地爲陰，陽尊而陰卑，天道人事取法陽尊而陰卑，則天人秩序順暢，儒家的倫理教化和仁政的理想就能夠貫通。「元年，春，王正月」，董仲舒理解爲：「《春秋》何貴乎元而言之？元者，始也，言本正也。」(《春秋繁露‧王道》)《公羊傳》徐彥疏云：「言凡欲正物之法，莫大於正其始時。」[註5]「君子治治」重視原初的王道秩序，元強調秩序的開端，正則正秩序的本原，本正則末應。

董仲舒認爲《春秋》記災異，目的在於警示當政者天道和人事的秩序發生了變化，提醒當政者及時反省，《春秋》「貴微重始」的意義就在此，所以他說：「因惡夫推災異之象於前，然後圖安危禍亂於後者，非《春秋》之所甚貴也。然而《春秋》舉之以爲一端者，亦欲其省天譴而畏天威，內動於心志，外見於事情，修身審己，明善心以反道者也，豈非貴微重始、慎終推效者哉！」「故書日蝕、星隕、有蜮、山崩、地震、夏大雨水、冬大雨雹、隕霜不殺草，自正月不雨至秋七月，有鸜鵒來巢，《春秋》異之，以此見悖亂之征。是小者不得大，微者不得著，雖甚未，亦一端。孔子以此傚之，吾所以貴微重始是也。」(《春秋繁露‧二端》)董仲舒哲學中「元」的理念最能體現孔子作《春秋》的初衷，晉代學者郭璞深諳其中的道理，所以他說：「《春秋》之義，貴元重始。」(《晉書‧郭璞傳》)

[註5] 李學勤主編，《春秋公羊傳注疏》，北京大學出版社，1999 年 12 月版，頁10。

二、「君者元也」——天人互成之幾

　　在董仲舒的天人體系中，作爲溝通天人的中介，天子處於樞紐的地位，是天人之間的瓶頸。天子既是天人的中介，又是人事的開端，董仲舒把天子比作「元」，「君人者，國之元，發言動作，萬物之樞機」，又曰「君人者，國之本也」（《春秋繁露・立元神》），「國之元」同樣具有本原的含義。董仲舒從正名入手，從元所包含的秩序含義對「國之元」進行分析：

> 君者元也，君者原也，君者權也，君者溫也，君者群也。是故君意不比於元，則動而失本；動而失本，則所爲不立；所爲不立，則不效於原；不效於原，則自委舍；自委舍，則化不行。用權於變，則失中適之宜；失中適之宜，則道不平，德不溫；道不平，德不溫，則眾不親安；眾不親安，則離散不群；離散不群，則不全於君。（《春秋繁露・深察名號》）

何爲君主之元？元即是天人的秩序，承接天道而來，是人事秩序的開端。進一步講，君主的元是君主在天人秩序中所處的位置及符合該位置的行爲以理順天人秩序。《春秋繁露・執贄》云：「凡執贄，天子用暢。」《公羊傳・莊公二十四年》何休注：「凡贄，天子用鬯，諸侯用玉，卿用羔，大夫用雁，士用雉。」「暢」當爲「鬯」，「鬯」有上下貫通的意思，《說苑・修文》云：「天子以鬯爲贄。鬯者，百草之本也，上暢於天，下暢於地，無所不暢，故天子以暢爲贄。」「暢」的意思是上下通暢，恰當地比喻了天子在天人體系中的作用。

　　在董仲舒的天人秩序中，有的時候他把天子當作一種秩序看待的，天子的作用是使天與人的秩序暢通，使天意下達。「元年，春，王正月」，「正」乃正天子之位，天子之位順承於天人秩序，才能使人事的秩序順暢，董仲舒在《爲人者天》中說：「傳曰：唯天子受命於天，天下受命於天子，一國則受命於君。君命順，則民有順命，君命逆，則民有逆命。」所以「君之元」有著特殊的意義，在秩序中包含著「始」與「正」兩層含義。天子、國君的序位在於德，只有德合於天子、國君之位，天子、國君才能貫通天人。從「元」的角度看，從天到人的秩序可以理解爲「德序」，從天子到五等之爵，再到州國人民、闇盜之徒，皆以德序位。董仲舒對天子、國君在德方面的要求，是與孔孟儒學一脈相承的。對天子、君主在道德修養上的要求，是儒家的政治理想由內聖走向外王的必要條件，內聖的程度決定著外王的程度。內聖的起

點是修身，終點是聖人，聖人的標準是能「明明德」於天下。儒家的政治理想對天子、國君的要求是很高的，天子、國君永遠要向聖人的標準邁進。《中庸》說：「爲政在人，取人以身，修身以道，修道以仁。」孟子說：「天下之本在國，國之本在家，家之本在身。」（《孟子‧離婁》）《中庸》把治理天下的方針概括爲「九經」，「九經」之首即是修身。《大學》還把修身加以推廣，「自天子以至於庶人，壹是皆以修身爲本」。董仲舒何以強調「君之元」？因爲「道，王道也。王者，人之始也」，政治教化應該從統治階級做起，由上至下層層遞推，才能達到「君子之德風，小人之德草」的政治教化目的。無論是孔孟的倫理社會，還是董仲舒的天人秩序，都強調自上而下的政治行爲。「君之元」源自本原的天，元正天，天正王，王正天下，「是故《春秋》之道，以元之深正天之端，以天之端正王之政，以王之政正諸侯之即位，以諸侯之即位正境內之治。五者俱正，而化大行」（《春秋繁露‧玉英》）。

　　在中國哲學史上，「一」有盡善盡美的寓意，「《春秋》變一謂之元，元，猶原也」（《春秋繁露‧玉英》），「元」由此也具有盡善盡美的寓意，惟有盡善盡美，才能風化天下，這是孔顏樂處的寓意所在。「君之元」具有對君主的要求盡善盡美的寓意，由此推己及人，才能實現天人秩序暢通。天子、國君不僅要提高自己的道德修養，還要通過自己的表率作用把內在的修養推廣出去，以普及教化天下的黎民百姓，即所謂「君仁莫不仁，君義莫不義」（《孟子‧離婁》），「上有好者，下必有甚焉者矣」（《孟子‧滕文公》），以達到「修己以安人」，「修己以安百姓」（《論語‧憲問》）的目的。天子、國君是秩序之「元」，是老百姓效法的榜樣，「君子動而世爲天下道，行而世爲天下法，言而世爲天下則」（《中庸》），遵循孔子的忠恕之道，「己欲立而立人，己欲達而達人」，「己所不欲，勿施於人」，以「仁」溝通人際關係，實現倫理秩序的暢通，既而達到整個社會秩序暢通，然後才能和天道秩序吻合，天人體系相互貫通。所以董仲舒說：「道，王道也。王者，人之始也。」（《春秋繁露‧王道》）董仲舒說：

> 謹案《春秋》謂一元之意，一者萬物之所從始也，元者辭之所本也。謂一爲元者，視大始而欲正本也。《春秋》深探其本，而反自貴者始。故爲人君者，正心以正朝廷，正朝廷以正百官，正百官以正萬民，正萬民以正四方。四方正，遠近莫敢不一於正。（《漢書‧董仲舒傳》）

「《春秋》深探其本，而反自貴者始」是孔子關於禮壞樂崩的心得，也是他作《春秋》的目的。因為禮制的破壞是從貴族開始的，貴族破壞了禮制，反過來從禮制中尋找證據來證明自己行為的合法性，如此循環不止，導致禮制實際上已經失去規範的作用。由於儒家文化的內傾性特質，避免禮壞樂崩應該從源頭上做起，以天子、國君為首的統治階級要宮室有度、居安思危、體恤民情。董仲舒認為五行的變化所引起的災禍，大都由於統治階級施政不當所造成，破壞了天人秩序，統治階級應該及時反省，採取補救措施，如「木有變，春調秋榮。秋木冰，春多雨。此徭役眾，賦斂重，道多饑人。救之者，省徭役，薄賦斂，出倉穀，振困窮矣」，「火有變，冬溫夏寒。此王者不明，善者不賞，惡者不紲，不肖在位，賢者伏匿，則寒暑失序，而民疾疫。救之者，舉賢良，賞有功，封有德」（《春秋繁露·五行變救》）。如果把倫理道德秩序比作一座金字塔，那麼「君之元」就處在金子塔的塔頂，元不僅僅意味著倫理道德秩序的開端，還意味著它對整個金字塔體系的決定作用。就金字塔形的道德層次而言，「元」無疑具有一種對社會存在的慎終追遠的道德關懷。

三、「好微貴志」──道德行為發生之幾

《春秋繁露·玉杯》云：「《春秋》之好微與？其貴志也。」「元」重「始」、「微」，意指事物發展的潛伏、萌芽狀態，於此時合理地引導事物的發展，往往能取得奇效。「《春秋》之好微」之「微」，則指一念之微，指道德行為的原初動機。《春秋》為何貴微？這與孔孟儒學的道德理念密不可分，由於道德理性與人的意志自由不可分割，毋寧說道德理性是人的自由意志選擇的結果；而自由意志是很難把握的，同一種行為在儒家的倫理道德體系內往往能產生兩種截然相反的倫理論證，如漢景帝時，清河王太傅轅固生和黃生爭論湯武是受命還是弒君的問題：

黃生曰：「湯武非受命，乃弒也。」

轅固生曰：「不然。夫桀紂虐亂，天下之心皆歸湯武，湯武與天下之心而誅桀紂，桀紂之民不為之使而歸湯武，湯武不得已而立，非受命為何？」

黃生曰：「冠雖敝，必加於首；履雖新，必關於足。何者？上下之分也。今桀紂雖失道，然君上也；湯武雖聖，臣下也。夫主有失行，

　　臣下不能正言匡過以尊天子，反因過而誅之，代立踐南面，非弒而
何也？」

　　轅固生曰：「必若所云，是高帝代秦即天子之位，非邪？」

　　於是景帝曰：「食肉不食馬肝，不爲不知味；言學者無言湯武受命，
不爲愚。」遂罷。(《史記‧儒林列傳》)

爭論也沒有結果，對此類問題最好是避而不談。湯武弒桀紂，關鍵在於動機，
在於最初的一念之微，是爲天下，還是爲一己的私利；再如，《韓非子‧八奸》
云：「楚之有直躬，其父竊羊而謁之吏，令尹曰：殺之，以爲直於君而曲於父。
報而罪之。以是觀之，夫君之直臣，父之暴子也；……父之孝子，君之背臣
也。」按照儒家的倫理道德，既要孝親，又要忠，兩者本來沒有矛盾，而且
忠君是由孝親順理推演而來；但是在「直躬」（非人名）的身上卻產生了矛盾。
在此難題面前，孔子則強調最初的動機，「吾黨之直者異於是。父爲子隱，子
爲父隱，直在其中矣」(《論語‧子路》)。按照儒家的理論，「父子之道，天性
也」(《孝經‧聖治》)，「夫孝，德之本也，教之所由生也」，「夫孝始於事親，
中於事君」(《孝經‧開宗明義》)，「君子之事親孝，故忠可移於君」(《孝經‧
廣揚名》)，沒有孝親之實，就沒有忠君之實，由孝親推演到忠君，是儒家倫
理邏輯的核心。

　　蘇興認爲董仲舒的「微」有二旨：

　　《春秋》之微有二旨：其一微言，如逐季氏言又雩，逢丑父宜誅，
紀季可賢，及絕詞移詞之類是也。此不見於經者，所謂七十三子口
授傳指也。其一則事制美惡之細，行防纖芥之萌，寓意微妙，使人
湛思反道，比貫連類，以得其意，所以治人也。(《春秋繁露義證‧
玉杯》)

第二旨意指由於人心的微妙，所以要「事制美惡之細，行防纖芥之萌，寓意
微妙，使人湛思反道」以去惡向善。人心的微妙到底有什麼寓意？康德認爲
人的本性中既有向善的原初稟賦，「人格性的稟賦是一種易於接受對道德法則
的敬重，把道德法則當作任性的自身充分的動機的素質。這種易於接受對我
們心中的道德法則的純粹敬重的素質，也就是道德情感。這種情感自身還沒
有構成自然稟賦的一個目的，而是僅僅當它是任性的動機時，才構成自然稟
賦的一個目的。由於這種道德情感，只有在自由的任性把它納入自己的準則
時才是可能的，所以，這樣一種任性的性質就是善的特性」；但是他同時認爲

人的本性中又有一種趨惡的傾向，「惡必須存在於準則背離道德法則的可能性的主觀根據中，而且如果可以把這種傾向設想爲普遍地屬於人的，那麼，這種惡就將被稱作人的一種趨惡的自然傾向」〔註6〕。善與惡時時刻刻爭奪人的心靈，所以趨善就是去惡的過程。孔子雖然沒有正面談人性的善與惡，但是對仁的體驗即是趨善去惡的情感歷程，所以孔子說：「苟志於仁，無惡也。」（《論語・里仁》）趨善向仁要時時內心用力，孔子說：「回也，其心三月不違仁，其餘則日月至焉而已矣。」（《論語・雍也》）甚至趨善向仁是一個人一輩子的道德趨向，「士不可不弘毅，任重而道遠。仁以爲己任，不亦重乎？死而後已，不亦遠乎？」（《論語・泰伯》）「微」即善與惡爭奪人心的微妙，「事制美惡之細，行防纖芥之萌」即是說道德的工夫要從趨善去惡開始，從微妙的人心開始。所謂「重志」即從向善或者趨惡的源頭評判行爲，趨善而去惡。董仲舒說：「《春秋》之聽獄也，必本其事而原其志。志邪者不待成，首惡者罪特重，本直者其論輕。」（《春秋繁露・精華》）《鹽鐵論・刑德》中也有同樣的思想：「《春秋》之治獄，論心定罪，志善而違於法者免，志惡而合於法者誅。」《漢書・薛宣傳》云：「《春秋》之義，原心定罪。」又云：「《春秋》之義，意惡功遂，不免於誅。」「意惡功遂，不免於誅」有矯枉過正的含義，其目的在於除去纖芥之惡，鞏固純正之善。

　　矯枉過正在董仲舒的「元」哲學概念中是一種方法，強調存善去惡對道德倫理的重要意義。宋人與楚人戰於涿谷之上，奉行仁義戰爭理念的宋襄公「不重傷，不禽二毛，不推人於險，不迫人於厄，不鼓不成列」（《韓非子・外儲說左》），結果導致戰爭失敗，成爲仁義戰爭的笑柄。但董仲舒不這麼認爲，本於《春秋》貴元重始的意義，他認爲宋襄公雖然打了敗仗，但他的行爲和關於仁義戰爭的理念對於恢復和宣揚王道政治很有意義，所以他說：「故善宋襄公不厄人，不由其道而勝，不如由其道而敗，《春秋》貴之，將以變習俗而長王化也。」（《春秋繁露・俞序》）作爲軍事著作，《司馬法》闡述了矯枉過正的道德意義：「逐奔不過百步，從綏不過三舍，明其禮也。不窮不能，而哀憐傷病，明其仁也。成列而鼓，明其信也。爭義不爭利，明其義也。」《司馬法・仁本》蘇輿說：

　　　仁禮信義，所謂王化者與？《春秋》撥亂反正，去詐歸仁。王者不

〔註6〕康德，《單純理性限度內的宗教》，李秋零譯，中國人民大學出版社，2003年10月版，頁13。

> 可見，苟足見王心者，已貴之矣。故持其極端，以爲雖敗而不可改
> 此道，傳以爲雖文王之戰不過此，不以成敗論也。故曰：矯枉不過
> 其正，弗能直，知此而義畢矣。（《春秋繁露義證・俞序》）

人的本性中既有善的原初稟賦，又有趨惡的傾向，前者是意志自由的理性抉擇，後者則是一種道德的惰性。道德上的矯枉過正是從源頭上泯滅道德惰性的契機，以防止外物對人欲的引誘。孔子、孟子並不反對適當、合理的利益，但是爲了泯滅外物對人欲引誘的契機，孔子、孟子反對談論利益，孔子說：「君子喻於義，小人喻於利」，「放於利而行，多怨。」（《論語・里仁》）董仲舒基本上繼承了孔、孟的義利觀，強調義與利的道德動機，《春秋繁露・玉英》篇云：「公觀魚於棠，何？惡也。凡人之性，莫不善義，然而不能義者，利敗之也。故君子終日言不及利，欲以勿言愧之而已，愧之以塞其源也。」「愧之以塞其源」是「《春秋》之好微與？其貴志也」最恰當的解釋，如果源頭不正，統治階級奢侈無度，無疑會影響社會風氣。《春秋》貴「微」不僅具有道德哲學的含義，還具有社會政治的含義。

　　總而言之，「元」不僅僅是開始、開端的意思，它演化並囊括了一個完整的天人秩序，在這個秩序中，「元」特別強調「始」、「微」、「正」，富有濃厚的愼終追遠的道德關懷。

第四章　天人感應

　　中和論是董仲舒天人關係的核心內容，中和通過陰氣、陽氣之間的感應來實現。董仲舒的陰陽感應理論，有一個由人與天之間陰氣、陽氣的物質性感應上陞到天人之間義理性感應的過程。董仲舒通過闡釋陰氣與陽氣之間的物質性感應的客觀性，以論證天人之間義理性感應的客觀性。義理性感應是董仲舒天人感應的核心和本質。但是，由於義理性感應的形上性特徵，人們往往難以理解，因此，董仲舒的義理性感應有的時候又披上了神秘性外衣，通過神秘性的天意來實現「命以輔義」的理想。

第一節　天人中和論

　　中和論是一個很寬泛的概念，是董仲舒天道觀的重要內容，幾乎囊括了董仲舒的整個哲學體系。它既包括自然義天的陰陽二氣的中和及人的喜怒哀樂等諸種情緒變化的中和，還包括了社會領域內統治階級和黎民百姓之間貧富的中和，既而上陞到形而上的天人秩序的中和。天人秩序的中和是董仲舒中和論的核心，維持天人秩序的中和是統治階級施政的目標，天人秩序的中和是王道政治的標誌。董仲舒從自然義天的變化來論述陰陽二氣的中和是天道變化的基本規律，對於天生養萬物具有不可或缺的作用。然後以陰陽二氣均衡的規律以論性情，闡釋人的中和之氣對養生的重要意義，並由此進一步深入，論述善與惡的積累所引起的貪、仁之氣的變化及對天人秩序的影響。

一、陰陽中和是董仲舒中和論的基礎

　　陰陽二氣的中和是董仲舒整個中和論的基礎。在天道運行變化及成物的

過程中，陰陽的作用是不同的，陽居於主導地位而陰居於輔從地位。陽與陰的主從地位並不影響陰陽達與中和，天道成物，就是於陰陽中和上講，無陰陽合和，則天道無以成物。陰陽二氣的變化，表現於陰陽二氣量的變化。陰陽二氣在量上達於均衡以生物、成物，在西漢時期已經成為一種共識，如《淮南子·氾論》云：「天地之氣，莫大於和。和者，陰陽調，日夜分而成物。春分而生，秋分而成。生之與成，必得和之精。」以陰陽合和論養氣、養生，也是一種風尚，如「聖人之道，寬而栗，嚴而溫，柔而直，猛而仁，太剛則折，太柔則益，聖人正在剛柔之間，乃得道之本。積陰則沉，積陽則滅，陰陽相接，乃能成和」（同上）。董仲舒將陰陽二氣在量上的變化分為少陰、少陽、太陰、太陽，「春者少陽之選也，夏者太陽之選也，秋者少陰之選也，冬者太陰之選也」（《春秋繁露·官制象天》）。少陰、少陽、太陰、太陽之間相互更替，陰陽二氣處於均衡——不均衡——均衡的循環往復變化中，董仲舒稱之為「天之道，終而復始」：

> 天之道，終而復始。故北方者，天之所終始也，陰陽之所合別也。冬至之後，陰俛而西入，陽仰而東出，出入之處常相反也。多少調和之適，常相順也。有多而無溢，有少而無絕。春夏陽多而陰少，秋冬陽少而陰多，多少無常，未嘗不分而相散也。以出入相損益，以多少相溉濟也。多勝少者倍入，入者損一，而出者益二。天所起一，動而再倍，常乘反衡再登之勢，以就同類，與之相報，故其氣相俠，而以變化相輸也。春秋之中，陰陽之氣俱相併也。中春以生，中秋以殺。由此見之，天之所起其氣積，天之所廢其氣隨。故至春，少陽東出就木，與之俱生；至夏，太陽南出就火，與之俱煖。此非各就其類而與之相起與？（《春秋繁露·陰陽終始》）

董仲舒以北方作為陰陽二氣運行的起點，陰陽二氣各沿其路徑運行。陰陽二氣各自在量上保持均衡，即「有多而無溢，有少而無絕」，董仲舒稱之為「節」，「順天之道，節者，天之制也」（《春秋繁露·循天之道》）。隨著四季的推移，陰陽二氣呈現此消彼長的趨勢，春夏陽多而陰少，秋冬陽少而陰多，春夏陽氣增長而陰氣消退，陽氣增加一份的同時陰氣消退一份，實際上等於陽氣增加了兩份，董仲舒稱之為「動而再倍，常乘反衡再登之勢」。陰陽二氣在春分、秋分達成中和，「春分者，陰陽相半也，故晝夜均而寒暑平。……秋分者，陰陽相半也，故晝夜均而寒暑平」（《春秋繁露·陰陽出入》）。「中

春以生」指萬物在陽氣的作用下於春分開始萌動,「中秋以殺」指萬物在陰氣的作用下於秋分開始收成,「天之道,出陽爲暖以生之,出陰爲清以成之。……故從中春至於秋,氣溫柔和調。及季秋九月,陰乃始多於陽,天於是時出溧下霜。出溧下霜,而天降物固已皆成矣。故九月者,天之功大究於是月也,十月而悉畢」(《春秋繁露·暖燠常多》),中春即春分,九月即秋分,萬物生於春分而成於秋分。由此可見,陰陽二氣的均衡對於萬物的生長和收成具有十分重要的意義。《春秋繁露·循天之道》云:「天有兩和,以成二中。歲立其中,用之無窮。是北方之中用合陰,而物始動於下;南方之中用合陽,而養始美於上。其動於下者,不得東方之和不能生,中春是也;其養於上者,不得西方之和不能成,中秋是也。」何以中春能生物,中秋能成物?董仲舒認爲中春中秋之際,陰陽二氣達於均衡,天地之氣飽滿、豐沛,處於四季的最佳狀態,因而能於中春生物,於中秋成物。董仲舒說:「和者,天之正也,陰陽之平也。其氣最良,物之所生也。」(《春秋繁露·循天之道》)「其氣最良」即天地之氣處於一年之中最飽滿、最豐沛的狀態,故能生物、成物。

天地之氣的中和是自然界發展變化的規律,人稟承天地之氣而生,本身具有天地的中和之性。人因稟氣的緣故,生而具有「貪」性,人因「貪」性而喪失了稟承於天地的中和之性,需要通過養生而達於中和。西漢時期,以天道論性情中和已經是一種普遍現象,如《淮南子·原道訓》:「夫喜怒者,道之邪也;憂悲者,德之失也;好憎者,心之過也;嗜欲者,性之累也。人大怒破陰,大喜墜陽,薄氣發瘖,驚怖爲狂,憂悲多恚,病乃積成。好憎繁多,禍乃相隨。故心不憂樂,德之至也;通而不變,靜之至也;嗜欲不載,虛之至也;無所好憎,平之至也;不與物散,粹之至也。」以天道之中和論述性情中和,是董仲舒中道觀的重要內容。天有春、夏、秋、冬,人有喜、怒、哀、樂,春、夏、秋、冬是陰陽二氣的此消彼長形成的四個階段,人稟承天地之氣而生,故而喜、怒、哀、樂通於春、夏、秋、冬,「處其身,所以常自漸於天地之道,其道同類,一氣之辨也」(《春秋繁露·循天之道》)。人生於天地之間,超然貴於萬物,在於人稟承天地的精氣而生,養生在於「愛氣」,「民皆知愛其衣食,而不愛其天氣。天氣之於人,重於衣食。衣食盡,尙猶有閒。氣盡而立終。故養生之大者,乃在愛氣。氣從神而成,神從意而出。心之所之謂意,意勞者神擾,神擾者氣少,氣少者難久矣。故

君子閑欲止惡以平意，平意以靜神，靜神以養氣，氣多而治，則養身之大者得矣」（同上），「愛氣」有身、心之分，身為生理之氣，心為心神之氣。身之氣在勞佚有度，「男女體其盛，臭味取其勝，居處就其和，勞佚居其中。寒暖無失適，飢飽無過平，欲惡度理，動靜順性，命喜怒止於中，憂懼反之正。此中和常在乎其身，謂之得天地泰。得天地泰者，其壽引而長；不得天地泰者，其壽傷而短」（《春秋繁露·循天之道》），愛惜精氣，體魄健壯才能長壽。

統而言之，中國古代的養生理論重視養心，以心統身，生理之氣統一於心神之氣。董仲舒引用公孫尼子的理論以說明氣的變化，公孫之養氣曰：「裏藏泰實則氣不通，泰虛則氣不足，熱勝則氣耗，寒勝則氣滯，泰勞則氣不入，泰佚則氣宛至，怒則氣高，喜則氣散，憂則氣狂，懼則氣懾。凡此十者氣之害也，而皆生於不中和。」（《春秋繁露·循天之道》）氣不中和則傷身心，何以使身心之氣歸於中和？董仲舒認為「養氣」在於「養心」，心是身的主宰，心平則氣和，心為氣之本。董仲舒說：「凡氣從心。心，氣之君也，何為而氣不隨也？是以天下之道者，皆言內心其本也。故仁人之所以多壽者，外無貪而內清淨，心平和而不失中正，取天地之美以養其身，是其且多且治。」養氣之法在以心領氣，以達於和，「鶴之所以壽者，無宛氣於中，是故食冰。猿之所以壽者，好引其末，是故氣四越。天氣常下施於地，是故道者亦引氣於足。天之氣常動而不滯，是故道者亦不宛氣。苟不治，雖滿不虛。是故君子養而和之，節而法之，去其群泰，取其眾和」（《春秋繁露·循天之道》）。養心氣，不僅僅指養心以使喜怒哀樂之氣歸於中和，要使心氣充潤、豐沛，要承接天之仁而養善心、正心，才真正能使氣正於內而發華於外。董仲舒說：「中者天之用也，和者天之功也。舉天地之道，而美於和，是故物生，皆貴氣而迎養之。」（《春秋繁露·循天之道》）「貴氣而迎養之」，天地之氣貴在正、貴在善。

陰陽二氣的中和及以陰陽中和論養氣、養生，是董仲舒中道觀的基礎。董仲舒的中道觀蘊涵著更深層的義理，社會、政治秩序的中和才是董仲舒中道論的核心，亦是董仲舒天人秩序的核心。董仲舒以陰陽論中和，把王道理想以天道的形式表述出來，開闢了儒家實踐社會、政治理想的新途徑。所謂董仲舒的新儒學，「新」就「新」在以天道構架闡釋王道政治，以達到實現「命以輔義」的政治理想。

二、社會秩序的中和是中和論的核心

秦朝的滅亡主要是由於當權的皇室、貴族與黎民百姓階級矛盾激化的結果，董仲舒總結了秦朝滅亡的經驗，極力主張調和階級矛盾，表現在天道觀上即中和論，以天道中和論述人事中和。董仲舒總結了西漢以前朝代更迭的歷史教訓，他認為統治階級的腐化及對黎民百姓的殘酷剝削是導致社會動亂乃至朝代更迭的重要原因，針對此，董仲舒提出了質文互救理論，失之質，救以文；失之文，救以質。那麼何以導致文、質之失呢？董仲舒認為主要是統治階級縱情聲色，對百姓的層層盤剝導致上下秩序失調形成的。國家要長治久安，必須緩解貴族、地主與黎明百姓之間的階級矛盾。

董仲舒從天道立論，證明黎明百姓的生存權利是天經地義的，統治階級不應該剝奪百姓應該獲得的物質利益。董仲舒說：「生育養長，成而更生，終而復始，其事所以利活民者無已。天雖不言，其欲贍足之意可見也。」（《春秋繁露・諸侯》）天為人之本，天予人以「善善惡惡」的仁義之性的同時，還賦予了人獲得經濟利益以維持生存的權利，「天之生人也，使人生以義與利，利以養其體，義以養人其心」（《春秋繁露・身之養重於義》）。民之為「瞑」，相互之間不能統率，所以「天立王以統帥之」，「天之生民，非為王也，而天立王以為民也」（《春秋繁露・堯舜不擅移湯武不專殺》），「古之聖人見天意之厚於人也，故南面而君天下，必以兼利之。為其遠者，目不能見；其隱者，耳不能聽，於是千里之外，割地分民，而建國立君，使為天子視所不見，聽所不聞」（《春秋繁露・諸侯》）。天立天子的目的不是讓民眾為天子服務，而是為了統率萬民，天子分國而治，確立諸侯、卿、大夫、士的等級制度也是為了更好地統率萬民，以使民眾各取其利，建立和諧的社會秩序。因此，董仲舒極力反對貴族、地主對農民的過度剝削，並以天道來說明貴族、地主與農民各取其利，社會才能保持穩定發展。董仲舒說：

> 夫天亦有所分予，予之齒者去其角，傅其翼者兩其足，是所受大者不得取小也。古之所予祿者，不食於力，不動於末，是亦受大者不得取小，與天同意者也。夫已受大，又取小，天不能足，而況人乎！此民之所以囂囂苦不足也。身寵而載高位，家溫而食厚祿，因乘富貴之資力，以與民爭於下，民安能若之哉！是故眾其奴婢，多其牛羊，廣其田宅，博其產業，畜其積委，務此而亡已，以迫蹵民，民日削脵矣，浸以大窮。富者奢侈羨溢，貧者窮極愁苦；窮極愁苦而

上不救，則民不樂生；民不樂生，尚不避死，安能避罪！此刑罰之
所以蕃而姦邪不可勝者也。(《漢書・董仲舒傳》)

天生人而各有分職，亦各有所利，貴族、地主貪得無厭，憑藉手中的權勢壓
榨平民，違背天意、天理。董仲舒要求統治者節欲，予民生路，縮小貧富差
距，以緩和階級矛盾，此為經濟利益、社會秩序的中和。董仲舒稱經濟利益、
社會秩序的中和為天理：

故君子仕則不稼，田則不漁，食時不力珍，大夫不坐羊，士不坐
犬。……天不重予，有角不得有上齒。故已有大者，不得有小者，
天數也。夫已有大者，又兼小者，天不能足之，況人乎！故明聖者
象天所為為制度，使諸有大俸祿，亦皆不得兼小利，與民爭利業，
乃天理也。(《春秋繁露・度制》)

董仲舒的中道觀與西漢初年的社會現實密切相關，世家大族強佔民田，「富者
田連阡陌，貧者無立錐之地」。漢武帝任用張湯、杜周等酷吏進行鎮壓，仍無
法制止貴族、地主兼併土地。董仲舒已經深深認識到貧富的兩極分化將會給
社會帶來很大的不穩定因素，所謂聖者見於未萌，董仲舒以天道論中和，為
緩和階級矛盾確立了哲學上的根據。

第二節　神秘性感應對建構天人體系的意義

在天人關係上，天雖然為人之本，但人是主動的。人的行為既然可以影
響天人關係發生變化，那麼在出現災異的時候，人可以通過改變自己的行為
即統治者通過改變政令而消除災異。很明顯，在這個過程中，董仲舒將天人
感應解釋成物質性的感應，而並非神秘性的天意。但董仲舒在論述陰陽之氣
相互作用的同時，又滲入了天意、天志的內容，從而使陰陽感應帶上了神秘
性內涵。董仲舒說：

大旱者，陽滅陰也。陽滅陰者，尊厭卑也，固其義也。雖大甚，拜
請之而已，敢有加也。大水者，陰滅陽也。陰滅陽者，卑勝尊也，
日食亦然，皆下犯上，以賤傷貴者，逆節也，故鳴鼓而攻之，朱絲
而脅之，為其不義也。此亦《春秋》之不畏強禦也。故變天地之
位，正陰陽之序，直行其道而不忘其難，義之至也。是故脅嚴社而
不為不敬靈，出天王而不為不尊上，辭父之命而不為不承親，絕母
之屬而不為不孝慈，義矣夫。(《春秋繁露・精華》)

大旱是陽滅陰，大水是陰滅陽，二者均是陰陽之氣的變異，從本質上講並沒
有神秘的東西起作用。但是，董仲舒在表述陰陽感應的同時，有意無意地攙
雜著神秘性的天意、天志，如陽滅陰，「雖大甚，拜請之而已」，「拜請」即把
天當作有意志的天、能主宰萬物的天。「脅嚴社而不爲不敬靈」之「靈」即神
靈之意。董仲舒關於「求雨」、「止雨」活動的描述，充分體現了陰陽之氣的
感應與神秘性的感應相互攙雜的思想。如求雨，《春秋繁露・求雨》云：

> 春旱求雨，令縣邑以水日禱社稷山川，家人祀戶。無伐名木，無斬
> 山林。暴巫，聚尪。八日。於邑東門之外爲四通之壇，方八尺，植
> 蒼繒八。其神共工，祭之以生魚八，玄酒，具清酒、膊脯。擇巫之
> 潔清辨利者以爲祝。祝齋三日，服蒼衣，先再拜，乃跪陳，陳已，
> 復再拜，乃起。祝曰：「昊天生五穀以養人，今五穀病旱，恐不成實，
> 敬進清酒、膊脯，再拜請雨，雨幸大澍。」即奉牲禱，以甲乙日爲
> 大蒼龍一，長八丈，居中央。爲小龍七，各長四丈。於東方，皆東
> 向，其間相去八尺。小童八人，皆齋三日，服青衣而舞之。田嗇夫
> 亦齋三日，服青衣而立之。鑿社通之於閭外之溝，取五蝦蟇，錯置
> 社之中。池方八尺，深一尺，置水蝦蟇焉，具清酒、膊脯，祝齋三
> 日，服蒼衣，拜跪，陳祝如初。取三歲雄雞與三歲豭豬，皆燔之於
> 四通神宇。令民閭邑里南門，置水其外開邑里北門，具老豭豬一，
> 置之於里北門之外。市中亦置豭豬一，聞鼓聲，皆燒豭豬尾。取死
> 人骨埋之，開山淵，積薪而燔之。通道橋之壅塞不行者，決瀆之。
> 幸而得雨，報以豚一，酒、鹽、黍財足，以茅爲席，毋斷。

「無伐名木，無斬山林」、「通道橋之壅塞不行者」具有疏導陰氣積滯之意，
但董仲舒的求雨儀式雜糅了大量的民間巫術內容。當然，董仲舒的本意並不
在巫術，而是通過巫術傳達了一種神秘性感應，再把這種神秘性感應納入天
的系統，巫術所蘊涵的神秘性感應就轉化爲人與人格義的天之間的感應。董
仲舒的目的仍然在表述天的意志性。再如「止雨」，「雨太多，令縣邑以土日，
塞水瀆，絕道，蓋井，禁婦人不得行入市。令縣鄉里皆掃社下。縣邑若丞令
吏、嗇夫三人以上，祝一人；向嗇夫若吏三人以上，祝一人。理正父老三人
以上，祝一人，皆齋三日，各衣時衣。具豚一黍鹽美酒財足，祭社。擊鼓三
日而祝。先再拜，乃跪陳，陳已，復再拜，乃起。祝曰：『嗟！天生五穀以養
人，今淫雨太多，五穀不和。敬進肥牲清酒，以請社靈，幸爲止雨，除民所

苦,無使陰滅陽。陰滅陽,不順於天。天之常意,在於利人,人願止雨,敢告於社。』鼓而無歌,至罷乃止。凡止雨之大禮,女子欲其藏而匿也,丈夫欲其和而樂也。開陽而閉陰,闔水而開火。以朱絲縈社十周。衣赤衣赤幘。三日罷。」(《春秋繁露·止雨》)雨多,陰氣過盛,「塞水瀆,絕道,蓋井,禁婦人不得行入市」以壓抑陰氣,使陰陽達於均衡。至於「止雨」的儀式,同樣夾雜著大量的民間巫術內容。

「求雨」、「止雨」中描述的陰陽感應並非董仲舒天人感應的核心,政事所引起的陰陽變異及因政事的改變而使陰陽各復其位的感應是董仲舒天人感應的核心。

總而言之,董仲舒的天人感應最終落實在了善、惡上,即落實在了人性上。「援天端」以論人事,「援天端」以論人性,最終使人歸向於善,這是董仲舒天道觀的真正目的。至於天人感應的神秘性特徵,董仲舒以之作為闡釋善的至上性的工具。天因其神秘性而具有不可抗拒的權威,天往往代表了真理和正義,天是無所不知、無所不能的,任何違背天意的行為,終將受到天的懲罰。天之所為,有所欲,有所不欲,董仲舒說:

> 謹案:災異以見天意。天意有欲也,有不欲也。所欲所不欲者,人內以自省,宜有懲於心,外以觀其事,宜有驗於國。故見天意者之於災異也,畏之而不惡也,以為天欲振吾過,救吾先,故以此報我也。《春秋》之法,上變古易常,應是而有天災者,謂幸國。……楚莊王以天不見災,地不見孽,則禱之於山川,曰:「天其將亡予也?不說吾過,極吾罪也。」以此觀之,天災之應過而至也,異之顯明可畏也。此乃天之所欲救也,《春秋》之所獨幸也,莊王所以禱而請也。聖主賢君尚樂受忠臣之諫,況受天之譴也?(《春秋繁露·必仁且智》)

天之所欲在於「振吾過」,使君主「宜有懲於心」,此類表述無疑以天為人格義的天。

自然義天的陰陽之氣與人事的陰陽之氣的交互感應是天人感應的基礎,董仲舒在自然義天與人事的感應基礎上達於倫理義天與人事的義理性感應,此為董仲舒天人感應的核心、本質。人格義天在天人感應中起「命以輔義」的作用,當普通人不能理解天人之間義理性感應的境況下,董仲舒通過人格義天不可抗拒的權威性,以闡述善政與美祥、暴政與災異之間的對應關係。

自然義天與人的陰陽之氣的交互感應是天人感應的基礎，那麼如何從自然義天與人的感應過度到人格義天與人之間的感應？董仲舒採取了直接表述的方式，董仲舒說：

> 琴瑟報，彈其宮，他宮自鳴而應之，此物之以類動者也。其動以聲而無形，人不見其動之形，則謂之自鳴也。又相動無形，則謂之自然，其實非自然也，有使之然者矣。物固有實使之，其使之無形。《尚書大傳》言：「周將興之時，有大赤烏銜穀之種而集王屋之上者，武王喜，諸大夫皆喜，周公曰：『茂哉！茂哉！天之見此以勸之也。』」
> （《春秋繁露·同類相動》）

「非自然也，有使之然者」，何為「使之然者」？是陰氣與陽氣的交互作用嗎？董仲舒並沒有進行明確的表述。由「使之然者」這一模糊的表述，董仲舒由陰陽之氣的物質性感應上陞到神秘的天人感應。董仲舒說：「臣聞天之所大奉使之王者，必有非人力所致而自至者，此受命之符也。天下之人同心歸之，若歸父母，故天瑞應誠而至。《書》曰：『白魚入于舟，有火復于王屋，流為烏。』此蓋受命之符也。」（《漢書·董仲舒傳》）天子即將受命於天，所呈現的美祥是人格義天與人感應的最典型的代表。

這裡還需要做一個說明，在董仲舒的天人關係中，人格義天與人的感應有兩個系統：其一，類似祭祀性的感通，即祭天，竭盡精誠，天人感應是凝聚於精神上的感應。其二，由自然義天與人的感應經過直接表述而轉化為人格義天與人的感應。這兩種感應在董仲舒的天人體系中地位不同。感通性的天人感應作為人格義天的普遍形式存在，它的神秘性及權威性是董仲舒「命以輔義」的主要形式，起著重要的作用。由陰陽之氣的感應轉化而來的人格義天與人的感應只在政事與美祥、災異的關聯中起作用，實際上是通過人格義天的權威性、不可抗拒性對仁政的認可與闡釋，最終歸結到人性上，是對善的認可與闡釋。所以，這兩種感應是有根本區別的。要特別注意這兩種天人感應的表述形式，由陰陽之氣的感應轉化來的神秘性的天人感應，它的感應模式亦是陰陽之氣的感應，陰陽之氣的感應之所以能轉化為神秘性的天人感應，其中一個重要的原因就是由陰陽之氣的感應上陞到倫理義天與人的義理性感應，本身具有一定的抽象性，這種抽象性在無法以確切的思維予以理解時，往往能產生一種深奧的、甚至神秘性的感覺。正是基於這種義理性感應的深奧性及普通人對抽象物理解的思維特徵，陰陽之氣的感應才能轉化為

神秘性的天人感應。感通性的天人感應則完全是另一種表述方式，這種感應方式與古代人祭祀祖先神時的感應基本上相通的。古人祭祀祖先，講究心思精誠，以精神與祖先神交接，同時注重祭祀品的潔淨。祭祀宗廟在於「致其中心之誠」，《春秋繁露·祭義》云：

> 尊天，美義也；敬宗廟，大禮也，聖人之所謹也。不欲多而欲潔淨，不貪數而欲恭敬。君子之祭也，躬親之，致其中心之誠，盡潔淨之道，以接至尊，故鬼享之。享之如此，乃可謂之能祭。祭者，察也，以善逮鬼神之謂也。善乃逮不可聞見者，故謂之察。吾以名之所享，故祭之不虛。安所可察哉？祭之爲言際也與？祭然後能見不見。見不見之見者，然後知天命鬼神。知天命鬼神，然後明祭之義，明祭之義，乃知重祭事。

祭祀鬼神，盡心中的精誠，與鬼神感通，然後能見祭祀之義。所謂「見不見之見者」即祭祀活動中所蘊涵的人文內涵，從董仲舒整個哲學體系來看，即「命以輔義」。董仲舒感通性天人感應，充分體現在祭祀天的活動中。董仲舒說：「天子不可不祭天也，無異人之不可以不食父。爲人子而不事父者，天下莫能以爲可。今爲天之子而不事天，何以異是？是故天子每至歲首，必先郊祭以享天，乃敢爲地，行子禮也。每將興師，必先郊祭以告天，乃敢征伐，行子道也。」（《春秋繁露·郊祭》）天子祭天，當如孝子祭父。祭祀宗廟竭盡心中之誠，祭天應當竭盡心中之誠，誠方能感通。這與由陰陽之氣的感應轉化來的神秘性的天人感應在本質上是完全不同的。

董仲舒之所以將天分述爲自然義的天、倫理義的天、人格義的天，是因爲現實中都有三類天存在的影子。自然義的天是每個人都能夠感受到的，當人們對自然界發生的一些奇異現象無法解釋時，因爲恐懼、驚異而將之歸結爲天意。

第三節　董仲舒對天人感應的物質性闡釋

董仲舒的天人感應，首先是陰氣與陽氣之間的感應，陰氣、陽氣的及時疏導、暢通與陰氣、陽氣的堆積、滯留形成兩種完全相反的結果，前者表現爲政通人和，甚者出現「美祥」；後者表現爲政治腐敗，人心乖離，甚者出現「災異」。由陰陽之氣的物質性感應上陞到天人之間的義理性感應，由於義理的形而上特徵，義理感應本身帶有了一絲奧妙，當這種奧妙展現在「民」（暝）

面前時，在心理上往往產生神秘感。義理性感應是董仲舒天人感應的本質，神秘性只不過是義理感應在不同的人面前的變相而已。「民」看到的是神秘的天志，聖人則看到的是天道。董仲舒所謂的「體天之微」，就是天人之間義理性感應之「微」，義理感應之「微」即人心之微妙。董仲舒說：「夫覽求細微於無端之處，誠知小之將爲大也，微之將爲著也，吉凶未形，聖人所獨立也。」（《春秋繁露・二端》）聖人「覽求細微於無端之處」即聖人能看到百姓「日用而不知」的天人之間義理性感應之道。

　　天人感應最直接的表現形式是同類相應、同類相動，同類相動、同類相應是天人感應的最初形態。同類相應的思想，古已有之。《周易・乾卦・文言》曰：「同聲相應，同氣相求，水流濕，火就燥，雲從龍，風從虎……各從其類也。」《周易》並沒有具體解釋同類相應的原因。《莊子》一書則明確提到了「陽召陽，陰召陰」，並認爲同類相應是自然界變化的規律。《莊子・徐無鬼》云：「魯遽曰：『是直以陽召陽，陰召陰。』」又《莊子・漁父》云：「同類相從，同聲相應，固天之理也。」《荀子》一書中也有同類相應的表述，《荀子・大略》云：「均薪施火，火就燥；平地注水，水流濕。夫類之相從也，如此之著也。」《周易》、《莊子》、《荀子》關於同類相應的描述都是隻言片語，沒有形成系統的理論。同類相應僅僅描述了一種自然現象，沒有明確關涉天人感應。

　　西周晚期伯陽父關於地震的描述，則明確具有了天人感應的特徵。幽王二年，西周三川皆震。伯陽父曰：「周將亡矣！夫天地之氣，不失其序；若過其序，民亂之也。陽伏而不能出，陰迫而不能烝，於是有地震。今三川實震，是陽失其所而鎮陰也。陽失而在陰，川源必塞。源塞，國必亡。夫水土演而民用也。水土無所演，民乏財用，不亡何待？昔伊、洛竭而夏亡，河竭而商亡。今周德若二代之季矣，其川流又塞，塞必竭。夫國必依山川，山崩川竭，亡之征也。川竭，山必崩。」（《國語・周語》）「天」指與「地」相對的自然性的天，陰陽指陰氣與陽氣，陽氣被陰氣所鎮則引起地震。從伯陽父的表述來看，地震的發生與西周「德」的衰微有一定的關係。地震引起河流堵塞，河流堵塞則水脈不通，水脈不通引起民用匱乏，由此導致國家的滅亡。伯陽父以夏和商的滅亡作爲例證，夏、商滅亡的表徵都是河流枯竭。按照伯陽父的推理，地震是自然現象引發的結果。自然現象之所以發生變異，是因爲人氣引發了天氣的變化，這裡面並沒有神秘的天志在起作用。

　　《呂氏春秋》把同類感應的理論應用於說明天人感應，並形成比較系統的體系。周桂鈿先生認為《呂氏春秋》已經具有了天人感應說的雛形。《呂氏春秋‧應同》云：「凡帝王之將興也，天必先見祥乎下民。黃帝之時，天先見大螾大螻，黃帝曰『土氣勝』，土氣勝，故其色尚黃，其事則土。及禹之時，天先見草木秋冬不殺，禹曰『木氣勝』，木氣勝，故其色尚青，其事則木。……類固相召，氣同則合，聲比則應。鼓宮而宮動，鼓角而角動。平地注水，水流濕。均薪施火，火就燥……無不皆類其所生以示人。故以龍致雨，以形逐影。師之所處，必生荊棘。禍福之所從來，眾人以為命，安知其所。」《應同》篇已明確認識到人事變化能引起自然的變異，《應同》篇的「天」具有雙重含義，天既是自然義的天，如「天先見大螾大螻」、「天先見草木秋冬不殺」；天同時又是人格義的天，天通過「不常之變」向人通告了某種資訊。天既是自然義的天，又是人格義的天，在這一點上，《應同》的天人感應理論與董仲舒的天人感應理論已經十分接近了，所以周桂鈿先生認為《呂氏春秋》已經具有了天人感應說的雛形。但是，《應同》篇的天沒有顯現出倫理義天的內容，天人感應沒有顯現出天人之間義理性感應的內涵，這恰恰是董仲舒天人感應的本質和核心。

　　與董仲舒同一時代的《淮南子》一書也有同類相應的觀念，《淮南子‧泰族訓》云：「蛟龍伏寢於淵，而卵割於陵，螣蛇雄鳴於上風，雌鳴於下風而化成形，精之至也。」又《淮南子‧覽冥訓》云：「若以磁石能連鐵也，而求其引瓦則難矣。」又曰：「夫燧之取火於日，磁石之引鐵，蟹之敗漆，葵之向日，雖有智者，弗能然也。」《淮南子》並沒有像董仲舒那樣建立天人感應的理論體系，而是通過同類相應的自然現象以說明同類相應的神秘性。「雖有智者，弗能然也」是說同類相應中有人無法理解的東西，這與董仲舒的天人感應理論正好是相反的。董仲舒的天人感應，雖然在某些方面借助了人格義天的作用來闡述天人感應的神秘性，但天人感應的整個體系是建立在陰氣與陽氣的相互作用上的，董仲舒通過物質性的陰陽二氣來闡釋天人感應，就在於它的可認識性、可理解性。雖然天人之間的義理性感應因其抽象性而帶有些許奧妙，但此奧妙是建立在認知基礎上的。

　　董仲舒總結了前人關於同類相應的思想，結合自然義天、人格義天、倫理義天闡釋天人感應。陰陽二氣的相互作用是董仲舒天人感應理論的基礎，通過自然義天陰陽二氣的相互作用來闡釋人與倫理義天之間的義理性感應，

是董仲舒天人感應的本質。人格義天在天人感應中以它的神秘性及不可抗拒性來強化天人之間義理性感應的模式，人格義天起輔佐作用。

　　董仲舒認爲自然界發生的諸如「磁石引鐵」、「燧之取火」、「葵之向日」等現象，並非像普通人認爲的那樣，有一種神秘的力量操縱著事物的發展變化。「磁石引鐵」、「燧之取火」、「葵之向日」等現象僅僅是自然規律而已，沒有什麼值得奇怪的。董仲舒說：

> 今平地注水，去燥就濕；均薪施火，去濕就燥。百物去其所與異，而從其所與同，故氣同則會，聲比則應，其驗皦然也。試調琴瑟而錯之，鼓其宮，則他宮應之；鼓其商，而他商應之。五音比而自鳴，非有神，其數然也。美事召美類，惡事召惡類，類之相應而起也，如馬鳴則馬應之。……物故以類相召也，故以龍致雨，以扇逐暑，軍之所處以棘棘。美惡皆有從來，以爲命，莫知其處所。（《春秋繁露・同類相動》）

「非有神，其數然也」的「數」指自然規律。由於人們無法認識某些事物發展變化的規律，當這些事物因其共同的特徵而重複出現於人們的意識中時，很容易使人對這些事物產生一種神秘感。實際上，這些現象只不過是陰氣與陽氣相互作用產生的結果。

　　萬物稟承天地之氣而生，同類相應亦是因氣而相動。人稟承天地之氣而生，因而人與萬物的感應是通過陰陽之氣的相互作用實現的。董仲舒說：「處其身所以常自漸於天地之道，其道同類，一氣之辨也。」（《春秋繁露・循天之道》）萬物同一於氣，因氣而相互作用。人生活於天地間，亦是生活在陰陽之氣中，祇是因爲空氣的特殊屬性，我們平時不會注意到它的存在，如同魚生活在水中，對水視而不見一樣。董仲舒說：「天地之間，有陰陽之氣，常漸人者，若水常漸魚也。所以異於水者，可見與不可見耳，其澹澹也。然則人之居天地之間，其猶魚之離水，一也。其無間，若氣而淖於水，水之比於氣也，若泥之比於水也。是天地之間若虛而實，人常漸是澹澹之中，而以治亂之氣，與之流通相淆也。」（《春秋繁露・天地陰陽》）天人之間的感應，是陰陽之氣的感應，「天有陰陽，人亦有陰陽。天地之陰氣起，而人之陰氣應之而起；人之陰氣起，而天地之陰氣亦宜應之而起，其道一也」（《春秋繁露・循天之道》）。董仲舒從人的切身體驗來論述天人感應，如人身患疾病，天氣有所變化，則病體首先有所反應。天氣的變化，有時也會影響人的情緒變

化，這些都是天人之間陰氣與陽氣的感應。董仲舒說：「天將陰雨，人之病故為之先動，是陰陽相動而起也。天將欲陰雨，又使人欲睡臥者，陰氣也。有憂，亦使人臥者，是陰相求也；有喜者，使人不欲臥者，是陽相索也。水得夜益長數分，東風至而酒湛溢，病者至夜而疾益甚，雞至幾明皆鳴而相薄。其氣益精，故陽益陽而陰益陰。」(《春秋繁露‧同類相動》) 陰陽之氣相互作用而呈現出的自然規律，人們在無法理解的情況下，往往將其產生的原因歸諸一種神秘的力量，因而天人感應給人的感覺是一種神秘的感應。董仲舒以陰陽之氣的相互作用，揭示了天人感應的物質性特徵。董仲舒說：「明於此者，欲致雨則動陰以起陰；欲止雨則動陽以起陽。故致雨非神也，而疑於神者，其理微妙也。非獨陰陽之氣可以類進退也，雖不祥禍福所從生，亦由是也。無非己先起之，而物以類應之而動者也。故聰明神聖，內視反聽，言為明聖，內視反聽，故獨明聖者知其本心皆在此耳。」(《春秋繁露‧同類相動》)

第四節　董仲舒對天人感應的義理性闡釋

董仲舒對天人感應作了義理性闡釋。董仲舒以陰陽之氣論述天人感應，揭示其物質性，目的在於為天人之間的義理性感應作理論鋪墊。天人感應「非神」，其微妙之處，唯明聖者能通曉，又言「明聖者知其本心在此」，即是說天人感應的微妙之處仍在人心，人心動而引起陰陽動，陰陽動而引起自然現象發生變化。邪氣積滯則表現為災異，政通人和則表現為美祥，「知其本心」即是知此。董仲舒對此進行了詳細的論述。

一、惡所引起的陰氣的積聚是天人秩序發生變異的原因

闡釋災異產生的原因是公羊學的重要內容之一，通過闡釋災異產生的原因以探明政事與災異之間的因果關係，從而警示當政者，這是公羊學微言大義的核心內容。《公羊傳‧莊公十八年》云：「春，王三月，日有食之。」何休注曰：「是後戎犯中國，魯蔽鄭瞻，夫人入莒，淫佚不制所致。」徐彥疏曰：「是陰勝陽之象，是以日為之食。」魯國發生日食，是由於夫人生活不節，人事的陰氣勝過陽氣而引起自然義天的陰氣勝過陽氣而產生的現象。日食是當作災異來看待的。《春秋‧莊公二十年》云：「夏，齊大災。」《公羊傳》云：「大災者何？大瘠也。大瘠者何？痢也。何以書？記災也。」何休注云：「痢者，民疾疫也。……痢者，邪亂之氣所生，是時魯任鄭瞻，夫人入莒淫

佚，齊侯亦淫諸姑姊妹，不嫁者七人。」人事引起陰陽之氣的變異，根據天人相互作用的理論，人及時地改正錯誤，以順天人之理，則可以及時地改變災異所帶來的危害。《春秋·僖公三年》云：「夏，四月，不雨。」《公羊傳》曰：「何以書？記異也。」何休注曰：「太平一月不雨即書，《春秋》亂世一月不雨，未害物，未足為異，當滿一時乃書。一月書者，時僖公得立，欣喜不恤庶眾，比致三年，即能退辟正殿，飭過求己，循省百官，放佞臣郭都等，理冤獄四百餘人，精誠感天，不雩而得澍雨，故一月即書，善其應變改正。旱不從上發傳者，著人事之備積於是。」所謂「精誠感天，不雩而得澍雨」即是以人事精誠之氣引發天雨。《春秋·僖公三年》云：「六月，雨。」《公羊傳》云：「其言六月雨何？上雨而不甚也。」何休注云：「所以詳錄賢君精誠之應也。僖公飭過求己，六月澍雨；宣公復古行中，其年穀大豐，明天人相與報應之際，不可不察其意。」「精誠之應」並非僖公與天的感應，而是僖公所行政事與天的感應。《公羊傳》明《春秋》微言大義，以災異明天人關係，董仲舒繼承了公羊學以災異明天人關係的思想，確立了以陰陽論災異的系統理論。

董仲舒在論及人性時說：「天兩有陰陽之氣，身兩有貪仁之性。」（《春秋繁露·深察名號》）陰與貪、陽與仁是否是對應關係呢？從理論上講，陰與貪相對，陽與仁相對，這祇是一種義理性的對應關係。如果這種對應關係落到具體的內容上，則陰陽與貪仁的對應關係還需要具體地分析。這就是說，凡是屬於陰的事物，並非都是貪、惡；凡是屬於陽的事物，並非都是仁、善。這一點，在董仲舒的天人秩序中表述得是很明確的。董仲舒並沒有一概把陰氣或者處於陰位的事物歸結為貪、惡。萬物稟承天地之氣而生，只有陽氣不能生，只有陰氣也不能生，陰氣與陽氣結合而生，陰氣是天生萬物的必要條件，董仲舒並沒有將天之陰氣表述為惡。「天者，仁也」，即意味者天純然至善，天之陰氣不能等同於惡。如天有陰陽，人事與天道對應，那麼人有尊卑之分，君尊臣卑，男尊女卑等等。處於陰位的臣、女子不能與貪、惡劃等號。但是反過來，貪、惡必定屬於陰或者陰氣，仁、善必定屬於陽或者陽氣。所謂陰陽與善惡相對應，實際上指貪、惡必定屬於陰或者陰氣，仁、善必定屬於仁、善而言。董仲舒說：「推天地之精，運陰陽之類，以別順逆之理。安所加以不在？在上下，在大小，在強弱，在賢不肖，在善惡。惡之屬盡為陰，善之屬盡為陽。」（《春秋繁露·陽尊陰卑》）「順逆之理」在「善惡」，即是說

善與惡是別順逆之理的根據。董仲舒正是從這一點出發，闡述天人感應的本質。

董仲舒認為，人世間的一切不常之變，大都由人的不當行為引起。特別是統治者政治的清明與腐敗，是導致天降美祥與災異的直接原因。當然，這裡的「天」有雙重含義，可以理解為天意、天志，董仲舒確實也有這方面的意願；但是，美祥、災異是天與人之間陰陽之氣作用的產物，天主要指倫理義的天。「美祥」與「災異」與王者的為政密切相關，董仲舒說：「《春秋》何貴乎元而言之？元者，始也，言本正也。道，王道也；王者，人之始也。王正，則元氣和順，風雨時，景星見，黃龍下；王不正，則上變天，賊氣並見。」（《春秋繁露·王道》）以天道正王政，統治者施仁政於天下，民風淳樸，衣食有餘，政通人和，甘露、朱草、醴泉、嘉禾、鳳凰、麒麟等「美祥」呈現。「美祥」是天之為「仁」的義理性象徵。關於「災異」，董仲舒說：「（西周）及至後世，淫佚衰微，不能統理群生，諸侯背畔，殘賊良民以爭壤土，廢德教而任刑罰。刑罰不中，則生邪氣；邪氣積於下，怨惡畜於上。上下不和，則陰陽繆盭而妖孽生矣。此災異所緣而起也。」（《漢書·董仲舒傳》）「美祥」體現了仁的通潤作用，「妖孽」則是貪、惡之氣積滯從而引起陰陽之氣堵塞，導致天人乖逆的產物。「妖孽」亦是義理性呈現，只不過逆於天道之理，從而作為「美祥」的對立面而出現。

董仲舒特別強調災異所蘊涵的天道內容。董仲舒在表述災異時出現了兩種傾向，當他以陰陽之氣的變異來闡釋災異時，災異則體現了天道內涵；當他把災異表述為「天譴」時，則體現了神秘性的天意內涵。在兩者之間，以陰陽之氣表述天道變化是董仲舒天人感應的基礎，但在表述形式上，兩者往往混淆在一起，這正是董仲舒天道觀「命以輔義」的高明之處。「異」與「災」是兩個程度不同的概念，董仲舒說：

> 天地之物有不常之變者，謂之異，小者謂之災。災常先至而異乃隨之。災者，天之譴也；異者，天之威也。譴之而不知，乃畏之以威。……凡災異之本，盡生於國家之失。國家之失乃始萌芽，而天出災害以譴告之。譴告之而不知變，乃見怪異以驚駭之，驚駭之，尚不知畏恐，其殃咎乃至。以此見天意之仁而不欲陷人也。（《春秋繁露·必仁且智》）

「災」是一種徵兆或者較輕的災害，「異」則是嚴重的災害。「異」與「災」

既是天道的體現，又是天意的體現，它在警示人們將要發生的災難，使為政者改過自新。董仲舒說：「天無所言，而意以物。物不與群物同時而生死者，必深察之，是天之所以告人也。」（《春秋繁露‧天地之行》）天以「不與群物同生死者」之「異」以告人，是天之「譴告」，暗示人的行為已經引起了陰陽的變異。天示人以「異」而人不覺、不改，則繼之以災害。

災異源起於邪氣的積滯，邪氣的積滯則源於當政者政事的腐敗。董仲舒特別強調當政者的行為所引起的天人之間的感應，董仲舒說：

> 天地之間，若虛而實，人常漸是澹澹之中，而以治亂之氣，與之流通相殽也。故人氣調和，而天地之化美，殽於惡而味敗，此易之物也。推物之類，以易見難者，其情可得。治亂之氣，邪正之風，是殽天地之化者也。生於化而反殽化，與運連也。（《春秋繁露‧天地陰陽》）

作為獨立的個體，人的行為所引起的陰陽之氣的變化是無法對天道產生影響的；但是作為當政的統治者，可以通過國家形式將自己的意志頒佈為國家政令，從而擴大個人行為的影響力。只有統治者能做到以「治亂之氣，邪正之風」以「殽天地之化」。董仲舒以「王者」與「人主」為例，陳述了政事對天人秩序的影響。王者能參天地，故能殽天地之化。董仲舒說：

> 天者其道長萬物，而王者長人。人主之大，天地之參也；好惡之分，陰陽之理也；喜怒之發，寒暑之比也；官職之事，五行之義也。以此長天地之間，蕩四海之內，殽陰陽之氣，與天地相雜。是故人言：既曰王者參天地矣，苟參天地，則是化矣，豈獨天地之精哉！王者亦參而殽之，治則以正氣殽天地之化，亂則以邪氣殽天地之化，同者相益，異者相損之數也，無可疑矣。（《春秋繁露‧天地陰陽》）

如何理解「同者相益」？董仲舒天人秩序的中和不能僅僅理解為陰陽之氣的中和。董仲舒以陽尊陰卑定天道秩序，陽為主而陰為輔，陰輔從於陽，則上下協調，天道順暢，此亦為陰陽中和，而且是董仲舒中和論的本質、核心。以陽為主，以陰為輔，陰陽上下協調的中和是陰陽秩序的中和。陰陽之氣的中和是就天生成萬物而言，陰陽之位的中和是就陰陽秩序、天道秩序而言。陰陽之氣的中和歸根結底仍需以陰陽之位的中和為基礎，離開陽尊陰卑的主從關係，陰陽之氣的中和就無從談起。所謂「同者相益」指人事的尊卑秩序

上下協調，按照董仲舒的觀點，最理想的人事秩序是封建等級秩序與「德序」相符，如孔子所說「其位」合於「其德」，則人道與天道相符，此爲「同者相益」。所謂「異者相損」指封建等級秩序與董仲舒理想的「德序」不符，造成「其位」不合「其德」，或者陽尊陰卑之位乖舛，人事秩序與天道秩序不符。陰陽之位的乖舛對天道的影響是通過陰陽之氣的變異表現出來的，陽主陰從，則人事的陰陽之氣順於天道的陰陽之氣，天人秩序順暢。當人事陰陽秩序乖逆，即陰逆於陽的情況下，則出現陰氣積聚，人事的陰陽之氣逆於天道的陰陽之氣，則出現災異。人事陰陽之氣的變化與王者的政事密切相關，所謂「世治」即陰輔從於陽，封建等級制合於「德序」；所謂「世亂」即陰陽之位乖逆，封建等級制不合於「德序」，故曰王者「治則以正氣殽天地之化，亂則以邪氣殽天地之化」。董仲舒特別以「禹水湯旱」爲例來說明政治對天人關係的影響。董仲舒說：「禹水湯旱，非常經也，適遭世氣之變，而陰陽失平。堯視民如子，民視堯如父母。《尚書》曰：『二十有八載，放勳乃殂落，百姓如喪考妣，四海之內，闕密八音三年。』三年陽氣壓於陰，陰氣大興，此禹所以有水名也。桀，天下之殘賊也；湯，天下之盛德也。天下除殘賊而得盛德大善者再，是重陽也。故湯有旱之名。皆適遭之變，非禹湯之過。毋以適遭之變疑平生之常，則所守不失，則正道益明。」（《春秋繁露‧暖燠常多》）「禹水湯旱」雖然是非常之變，但仍是因爲禹、湯的善政而引起的陰陽之氣變異的結果。

董仲舒認爲「王者」可以「殽」天地之化，「人主」亦可以「殽天地之化」。「王者」指「王道」之王，「人主」指一般的君主，董仲舒說：

> 人下長萬物，上參天地。故其治亂之故，動靜順逆之氣，乃損益陰
> 陽之化，而搖盪四海之內。物之難知者若神，不可謂不然也。今投
> 地死傷而不勝相動，投淖相動而近，投水相動而愈遠。由此觀之，
> 夫物愈淖而愈易變動搖盪也。今氣化之淖，非直水也，而人主以眾
> 動之無已時，是故常以治亂之氣，與天地之化相殽而不治也。世治
> 而民和，志平而氣正，則天地之化精，而萬物之美起。世亂而民乖，
> 志僻而氣逆，則天地之化傷，氣生災害起。是故治世之德，潤草木，
> 澤流四海，功過神明。亂世之所起亦博。若是，皆因天地之化，以
> 成敗物。（《春秋繁露‧天地陰陽》）

「人主」與「王者」雖然在道德修養及功業成就上有差距，但在參天地之化

上的作用是相同的，政事的好壞都可以影響天人關係的變化。董仲舒以五行所蘊涵的天道內容規定君主的政事，如果政事違反了五行的規定，就會出現災異。如五行之「土」，「土者夏中，成熟百種，君之官。循宮室之制，謹夫婦之別，加親戚之恩。恩及於土，則五穀成而嘉禾興。恩及倮蟲，則百姓親附，城郭充實，賢聖皆遷，倭人降。如人君好淫佚，妻妾過度，犯親戚，辱父兄，欺罔百姓，大爲臺榭，五色成光，雕文刻鏤，則民病，心腹宛黃，舌爛痛。咎及於土，則五穀不成；暴虐妄誅，咎及倮蟲，倮蟲不爲，百姓叛去」（《春秋繁露‧五行順逆》）。再如五行之「金」，「金者秋，殺氣之始也。建立旗鼓，杖把旄鉞，以誅殘賊，禁暴虐，安集，故動眾興師，必應義理。出則祠兵，入則振旅，以閒習之。因於搜狩，存不忘亡，安不忘危。修城郭，繕牆垣，警百官，誅不法。恩及於金石，則涼風出；恩及於毛蟲，則走獸大爲，麒麟至。如人君好戰，侵凌諸侯，貪城邑之賂，輕百姓之命，則民病喉咳嗽，筋攣，鼻鼽塞。咎及於金，則鑄化凝滯，凍堅不成；四面張網，焚林而獵，咎及毛蟲，則走獸不爲，百虎妄搏，麒麟遠去」（《春秋繁露‧五行順逆》）。自然界所出現的種種不合常理的現象，都是由於君主的政事不明而導致人氣失和而引起的。要改變人氣不和而使人氣之陰陽順於天道之陰陽，則需要「五行變救」，統治者及時調節統治方略，施仁政於天下。如「土有變，大風至，五穀傷，此不信仁賢，不敬父兄，淫佚無度，宮室榮。救之者，省宮室，去雕文，舉孝悌，恤黎元」（《春秋繁露‧五行變救》）。董仲舒的「五行救變」是圍繞仁政展開的，實施仁政使人事的陰陽之氣各歸其位，人事順於天道，災異自然消除。

在《春秋繁露》中，董仲舒所列舉的災異主要有三類。也就是說，破壞天人秩序而導致陰陽繆盭的行爲主要有三類。第一，春秋二百四十二年間，亡國五十二，弒君三十六，臣殺君、子殺父成爲屢見不鮮的社會歷史事件。諸如臣殺君、子殺父等犯上作亂的行爲屬於第一種。西漢建立之後，由於諸侯國已經不復存在，由爭奪政權引起的諸如春秋戰國時期臣殺君、子殺父的行爲也不復存在；但是，作爲一面歷史的鏡子，董仲舒強調臣殺君、子殺父這一類違背倫理的事件對於天人秩序的借鑒意義。君、父爲陽，臣、子爲陰，臣殺君、子殺父完全違背了德序，陰氣的積聚必然引發災異。《春秋》中所記載的大量災異，大多是臣殺君、子殺父諸如此類事件的寫照。第二，諸侯勢力的發展，形成天子難以駕馭的局面。西周時期的分封制，目的在於鞏

固周天子的地位。但是，隨著諸侯勢力的壯大，諸侯的勢力已經超越了周王室，形成「禮樂征伐自諸侯出」的局面，周天子的權利已經名存而實亡。春秋時期的爭霸戰爭，實際上是對王權及禮制的蔑視。西漢初年實行郡國並行制，隨著以吳國爲首的劉姓諸侯的壯大，對西漢王朝構成了嚴重的威脅。賈誼對此作了形象的比喻，賈誼曰：「天下之勢方病大瘇。一脛之大幾如要，一指之大幾如股，平居不可屈信，一二指搐，身慮囚聊。夫今不治，必爲痼疾，後雖有扁鵲，不能爲已。」（《漢書·賈誼傳》）「一脛之大幾如要」即指漢文帝時期劉姓諸侯的發展已經逐漸失去控制，成爲西漢社會的不穩定因素。對於此，賈誼提出了「眾建諸侯而少其力」的主張，以和平的手段削弱劉姓諸侯的實力。賈誼曰：「欲天下之治安，莫若眾建諸侯而少其力。力少則易使以義，國小則亡邪心。今海內之勢如身之使臂，臂之使指，莫不制從，諸侯之君不敢有異心，輻輳並進而歸命天子，雖在細民，且知其安，故天下咸知陛下之明。割地定制，今齊、趙、楚各爲若干國，使悼惠王、幽王、元王之子孫畢以此各受祖之分地，地盡而止，及燕、梁它國皆然。」（《漢書·賈誼傳》）「眾建諸侯而少其力」即強幹弱枝之術。西漢初期的劉姓諸侯，採取長子繼承制的世襲制，諸侯的長子繼承諸侯國，掌握政權和軍權。現在採取「眾建諸侯而少其力」的方法，分一個大的諸侯國爲幾個小的諸侯國，實際上達到了分權的目的。分封的諸侯國越多，每一個諸侯國掌握的人口和軍隊就越少，對中央政權的威脅就越小。漢武帝時主父偃上書建議實行「推恩令」，主父偃上書曰：「今諸侯子弟或十數，而適嗣代立，餘雖骨肉，無尺寸地封，則仁孝之道不宣。願陛下令諸侯得推恩分子弟，以地侯之。彼人人喜得所願，上以德施，實分其國，不削而稍弱矣。」（《史記·平津侯主父列傳》）「推恩令」以「德施」之名達到削弱諸侯的目的，與「眾建諸侯而少其力」在本質上是相同的。從漢文帝、漢景帝到漢武帝，經過實行一系列的強幹弱枝法令，到漢武帝時，劉姓諸侯對中央的威脅已經基本解除。《漢書·諸侯王表》對此作了詳細的記載：「諸侯原本以大，末流濫以致溢，小者淫荒越法，大者睽孤橫逆，以害身喪國。故文帝採賈生之議分齊、趙，景帝用晁錯之計削吳、越，武帝施主父之冊，下推恩之令，使諸侯王得分戶邑以封子弟，不行黜陟，而藩國自析。」董仲舒的天人體系與現實政治生活緊密相關，董仲舒的天人秩序強調「正」，以「天之端」正「王之政」，以天道秩序正人道秩序，強幹弱枝即正「王之政」，使天子、諸侯各就其序。第三，卿、

大夫勢力的膨脹，破壞了封建等級秩序。春秋時期，諸侯國勢力的壯大，形成「禮樂征伐自諸侯出」的局面，諸侯專權，周天子被架空。特別是齊桓公「九合諸侯，一匡天下」，使諸侯專權達到了頂峰。在諸侯爭霸的過程中，私家勢力是諸侯倚重的重要軍事、政治力量。隨著爭霸戰爭的進行，私家勢力逐漸強大起來，最終掌握了諸侯國的政權，形成以卿爲代表的私家勢力專權局面。卿掌握了諸侯國大權，他們不得不依賴家臣來支撐專權的局面，逐漸形成大夫專權，「陪臣執國命」成爲這一時期歷史的特點。天子、諸侯、卿、大夫是西周禮制最基本的等級構成，諸侯、卿、大夫專權則完全破壞了西周的分封制，這是造成春秋亂世的主要原因。以商鞅爲代表的法家清楚地看到了私家勢力專權對社會帶來的危害，提出了法治變革思想。爲了防止私家勢力的膨脹，法家在政治上提出了廢除世卿世祿制，軍事上提出了獎勵軍功，經濟上廢井田、開阡陌及獎勵耕稼的主張。由於針對時弊，所以戰國時期的法治改革都卓有成就，特別是秦國經過商鞅變法以後，基本上確立了法治傳統，並在統一戰爭中佔據了上風，最終完成了統一大業。法治在春秋戰國時期的秦國和統一的秦王朝的作用和影響是完全不同的，無疑法治理論極大地促進了處於統一戰爭中的秦國的發展，使秦國避免了私家勢力膨脹所帶來的負面影響，充滿了蓬勃的戰鬥力。秦朝建立後，由於爭霸戰爭的對象消失了，實施法治產生的巨大社會能量沒有得到及時地消解，在極權統治下，法治發生了畸形變異，成爲統治者窮奢極欲生活及壓榨黎民百姓的工具，從而引發了農民起義，直接導致秦王朝的滅亡。毫無疑問，法治理論作爲解決私家勢力的探索，在歷史上曾經起到過積極的作用。西漢王朝建立後，法治理論及其對社會的影響成爲學者討論的熱點問題，學者的注意力大多集中於對法治理論的批評上，而忽略了法治理論產生的原因及法治理論在戰國時期所起到的積極作用。法治理論主要是針對私家勢力而產生的，具體地講，是爲了遏止卿、大夫專權。隨著秦王朝的滅亡，在法治理論遭到普遍批評的時候，對如何遏止卿大夫專權的探索，實際上也不了了之。西漢王朝建立後，卿、大方專權的歷史條件已不復存在，因而這一問題也逐漸淡出了學者的視野。但由卿、大夫專權所引起的倫理問題，對於封建秩序而言，仍然具有實際意義。董仲舒以獨特的視野，對卿、大夫專權所引起的倫理問題進行了重新思考，將其納入天人秩序，以之作爲天人秩序的一部分進行解析。災異的產生正是由於卿、大夫違背天人秩序導致陰陽舛逆造成的，《春秋繁露・王

道》云：「周衰，天子微弱，諸侯力政，大夫專國，士專邑，不能行度制法文之理，諸侯背叛。莫修貢聘，奉賢天子。臣弒其君，子弒其父，孽殺其宗，不能統理，更相伐銼以廣地，以強相脅，不能制屬。強奄弱，眾暴寡，富使貧，併兼無已。臣上下僭，不能禁止。日爲之食，星霣如雨，雨螽，沙鹿崩；夏大雨水，冬大雨雪；霣石於宋五，六鶂退飛；霣霜不殺草，李梅實；正月不雨，至於秋七月；地震，梁山崩，壅河，三日不流；晝晦，彗星見於東方，孛於大辰；鸜鵒來巢。《春秋》異之，以此見悖亂之徵。」關於卿、大夫專權，《公羊傳‧隱公三年》：「夏，四月，辛卯，尹氏卒。尹氏者何？天子之大夫也。其稱尹氏何？貶，曷爲貶？譏世卿。世卿，非禮也。」何休注云：「禮，公卿大夫、士皆選賢而用之。卿大夫任重職大，不當世，爲其秉政久，恩德廣大。小人居之，必奪君之威權。故尹氏世，立王子朝；齊崔氏立，弒其君光。君子疾其末則正其本。見譏於卒者，亦不可造次無故驅逐，必因其過卒絕之。明君案見勞授償，則眾譽不能進無功；案見惡行誅，則眾讒不能退無罪。」「譏世卿」，何休認爲在於「奪君之威權」，與德序不符。《春秋繁露‧王道》云：「大夫不得世。」德序以德爲標準，卿、大夫世襲，不賢者居賢者之位，必然造成人事秩序壅塞。董仲舒的德序理論，實際上是對春秋戰國時期諸侯爭霸、卿大夫專權及臣弒君、子殺父的逆亂秩序的批判總結，並爲封建等級制度確立了新的標準。

以上列舉的三類災異，是董仲舒治公羊學的心得，其道德倫理意義對西漢的社會政治而言，仍具有十分重要的意義。但是，統一的西漢王朝與分崩離析的春秋戰國面臨的客觀歷史環境完全不同，春秋戰國時期的諸侯征伐、卿大夫專權在統一的西漢王朝已經不復存在。漢武帝時期社會的主要矛盾是統治階級與黎民百姓之間的階級矛盾，豪強地主對農民的巧取豪奪使階級矛盾日益尖銳，同時也削弱了西漢封建統治的基礎。再加上秦末農民戰爭所造成的深重災難，及由此產生的對統治階級的震懾力，當權者不得不考慮採取措施緩和階級矛盾。董仲舒以此爲出發點，闡釋了豪強地主對農民的殘酷剝削是對天人秩序的破壞，揭示了災異所表徵的政治內涵。

二、西漢初期社會秩序存在的「痼疾」

西漢初年，豪強地主具有相當大的勢力，他們大肆兼併土地，農民窮困至極。《漢書‧食貨志》引董仲舒語：「富者田連阡陌，貧者無立錐之地」，「邑

有人君之尊，里有公侯之富，小民安得不困？」西漢建國之初，社會的主要矛盾是國家與異姓諸侯之間的矛盾，劉邦爲了剷除異姓諸侯，不得不依賴豪強地主的支持，因而對豪強地主兼併土地的行爲採取了縱容的政策。剷除了異姓王之後，劉姓諸侯又成爲中央政權潛在的威脅，漢文帝和漢景帝不得不對豪強採取寬容的政策，以獲得他們的支持。到了漢武帝時，豪強地主對農民的盤剝已經到了無可復加的地步，階級矛盾日益尖銳。正是在這樣的歷史環境下，董仲舒對封建等級秩序重新定位，提出了「德序」理論。天有好生之德，以成物爲務。人事秩序應該體現天道秩序，由天子、諸侯到卿、大夫，應該以德爲序，以體現天意、天理。按照「德序」的理論，在金字塔形的封建等級制中，皇帝德侔天地，故位居金字塔塔頂。其次，諸侯、卿、大夫以德序位。

　　以德序位的觀點由來已久，《中庸》云：「雖有其位，苟無其德，不敢作禮樂焉；雖有其德，苟無其位，亦不敢作禮樂焉。」禮樂作爲一種等級標誌，與德緊密聯繫在一起。禮重本質，沒有內心之誠，禮則流爲形式；唯有德之人，才能內誠而形於外，表裏如一。禮是標誌人際秩序的概念，不同等級的人受不同的禮節限制，有德而無位，不能作禮樂，本身即體現了禮的秩序性。唯有其德又有其位者，才有資格從事禮樂活動。所以，禮樂即標誌著德與位相統一的秩序。此外，荀子也提出了德與位相符的觀點，《荀子‧富國》云：「禮者，貴賤有等，長幼有差，貧富輕重皆有稱者也。……德必稱位，位必稱祿，祿必稱用。由士以上，則必以禮樂節之；眾庶百姓，則必以法數制之。……故曰朝無幸位，民無幸生，此之謂也。」「朝無幸位」即以德序位，無使不肖、不賢之人夾雜於朝廷之上。董仲舒將「德」與「位」的關係系統化，提出「德序」概念，並以之作爲人事秩序的核心。董仲舒強調德與位相稱，實際上是在強調人事秩序由上至下的暢通性。德與位相稱，則下遵從於上，上仁愛於下，上下和諧，人事秩序順暢，則能上承接於天道，達於天人合一。但是，漢武帝時期，豪強地主對黎民百姓的巧取豪奪及大量兼併土地，造成民怨沸騰，嚴重破壞了社會秩序。董仲舒以天道中和論爲背景分析了貧富分化的不合理現狀，批評了豪強地主對農民的殘酷剝削。董仲舒曰：

> 夫天亦有所分予，予之齒者去其角，傅其翼者兩其足，是所受大者
> 不得取小也。……夫已受大，又取小，天不能足，而況人乎！此民
> 之所以囂囂苦不足也。身寵而載高位，家溫而食厚祿，因乘富貴之

資力，以與民爭利於下，民安能如之哉！……故受祿之家，食祿而已，不與民爭業，然後利可均布，而民可家足。此上天之理，而亦太古之道，天子之所宜法以為制，大夫之所當循以為行也。（《漢書·董仲舒傳》）

天道中和是天之理，人稟承中和之氣而生，當效法天道。特別是官僚、貴族、地主，作為有文化、有教養的統治階級，他們的一言一行都是民眾效法的榜樣，影響著民風民俗。從這個意義上講，統治階級的言行不僅是個人行為，同時具有社會化意義。董仲舒說：

爾好誼，則民鄉仁而俗善；爾好利，則民好邪而俗敗。由是觀之，天子大夫者，下民之所視效，遠方之所四面而內望也。近者視而放之，遠者望而傚之，豈可以居賢人之位而為庶人行哉！（《漢書·董仲舒傳》）

董仲舒將居至德之位而為庶人之行稱之為「負且乘」：

夫皇皇求財利常恐乏匱者，庶人之意也；皇皇求仁義常恐不能化民者，大夫之意也。《易》曰：「負且乘，致寇至。」乘車者君子之位也，負擔者小人之事也，此言居君子之位而為庶人之行者，其患禍必至也。（《漢書·董仲舒傳》）

董仲舒治公羊學，《春秋》長於治人，其意即《春秋》長於梳理人際秩序。《公羊傳》對王公貴族與下民爭利的行為以微辭譏諷，《公羊傳·隱公五年》云：「隱公五年，春，公觀魚於棠。何以書？譏。何譏爾？遠也。公曷為遠而觀魚？登來之也。百金之魚，公張之。登來之者何？美大之之辭也。」何休注云：「其言大而急者，美大多得利之辭也。實譏張魚而言觀譏遠者，恥公去南面之位，下與百姓爭利，匹夫無異，故諱使若以遠觀為譏也。」春秋二百四十二年之間，之所以釀成子殺父、臣殺君的悲劇，就在於當權的王公貴族為了一己之私利而犯上作亂。子殺父、臣殺君是違背倫理的重大事件，究其根源，仍在於人具有趨利之心。從這一點上講，「隱公觀魚」與子殺父、臣殺君具有相似之處，只不過在不同情境下的表現不同而已。《公羊傳》通過微言大義將二者貫通，這正是《春秋》的宗旨所在。董仲舒以《易》之「負且乘」闡釋「德序」，即是將《春秋》所列舉的事例以義理的方式展現出來。《春秋》記事簡略，以例為主，義理隱含於事例之中，讀者需要貫通事例以求其理。董仲舒著《春秋繁露》，就是要使隱含於例子之間的義理以文辭表達出來。《春

秋繁露・竹林》云：「《春秋》記天下之得失，而見所以然之故。甚幽而明，無傳而著，不可不察也。」《春秋》所含義理「甚幽而明」，董仲舒著《春秋繁露》的目的是使貫注於《春秋》的義理由「幽」至「明」，使《春秋》之「無達例」轉化爲文辭表述的義理，以義理統率例證，重建道德倫理體系。

三、貴微重志

貫注於《春秋》的微言大義，學者有不同的理解。蘇輿說：「天不言而四時行，聖人體天立言，而不能盡其意。所謂心之精微，口不能言，言之微眇，書不能文也。之類《春秋》者，窺其微以驗其著，庶幾得彷彿耳。故曰《春秋》重贅。」（《春秋繁露義證・精華》）儘管人心「精微」，文辭「微眇」，但《春秋》的微言大義並非「口不能言」、「書不能文」，孔子之後，凡治《春秋》的學者所作的工作，無不是使貫注於《春秋》的義理由「幽」至「明」。尤其是公羊學的義理性闡釋，使《春秋》所包含的義理更加清晰、更加條理地呈現出來。司馬遷說：「春秋之中，弒君三十六，亡國五十二，諸侯奔走不保社稷者不可勝數。察其所以，皆失其本已。」又說：「夫《春秋》，上明三王之道，下辨人事之紀，別嫌疑，明是非，定猶豫，善善惡惡，賢賢賤不肖，存亡國，繼絕世，補弊起廢，王道之大者也。」（《史記・太史公自序》）司馬遷所謂的「皆失其本」之「本」，即《春秋》所表述的義理，此義理司馬遷進一步表述爲「人事之紀，別嫌疑，明是非，定猶豫，善善惡惡，賢賢賤不肖」。很明顯，司馬遷是將「本」理解爲人事秩序，其中「善善惡惡」蘊涵了人性、道德倫理的內容，「賢賢賤不肖」則有以德序位的意義。

董仲舒將貫注於《春秋》的義理概括爲「德序」，「德序」是天道秩序、天人秩序下的概念，它不僅僅蘊涵了人事秩序的內容，而且貫通了天人體系。董仲舒以天地、陰陽、五行論述「德序」，將人事秩序與天道秩序相貫通，並形成完整的體系，則完全超出了前人研究《春秋》的範圍。首先，德序反映了人性的本質。《春秋繁露・王道》云：「孔子明得失，差貴賤，反王道之本。」「王道之本」即《春秋》所表述的義理，亦即董仲舒天人秩序下的「德序」。董仲舒認爲「天，仁也」，天的本質是仁，「天意之厚於人也」即仁。人生於天而取法與天，取法於天是一種表述方式。「天，仁也」，人生於天，人性本身就具有「仁」的內容，所以董仲舒得出「性有善質」的結論；但是，由於「天有陰陽之氣」，所以「人有貪仁之性」，故「性有善質而未能

爲善」。性何以由「未能善」而轉化成善呢？董仲舒提出了「義以正我」的教
化理論。孟子認爲「羞惡之心，人皆有之」，「羞惡之心，義之端也」，「仁、
義、禮、智根於心」，「義」是人性本身具有的內容。同時，孟子又認爲，「孩
提之童，無不知愛其親者；及其長也，無不知敬其兄也。親親，仁也。敬長，
義也」，「敬其兄」之「敬」標誌著弟弟與兄長之間的關係，這種關係可以表
述爲弟弟與兄長之間的秩序。「敬長，義也」之「義」標誌著晚輩和長輩之間
的關係，這種關係可以表述爲晚輩和長輩之間的秩序。這種秩序推而廣之，
即「達之天下」，則成爲普遍的人事秩序，也就是說，在孟子的人性理論中，
「義」是普遍的人事秩序。總而言之，孟子的「義」具有兩層含義：一、「義」
是羞惡之情，是尊敬兄長的拳拳之情；二、「義」是一種標誌人際關係的秩
序，這種秩序因爲與羞惡之心、尊敬兄長的拳拳之情緊密聯繫在一起，所以
不僅僅是一種邏輯觀念上的秩序，而是融合了羞惡之心、敬長之情的內容與
形式渾然一體的秩序。董仲舒推崇孟子，基本上繼承了孟子關於「義」的理
論。董仲舒認爲「義」並非外在的加於人性之上的東西，而是人性本有的，
他說：「凡人之性，莫不善義。」(《春秋繁露・玉英》)「義以正我」不僅僅意
味著以外在的禮儀規範來制約人的行爲，「義以正我」本身即是人性自身的需
求，是人作爲理性的存在對自身提出的理性要求，唯有此，才能建立和諧的
社會。如同孟子關於「義」的理論一樣，董仲舒天人秩序下的「義」同樣是
融合了羞惡之心、敬長之情於一體的形式與內容的統一。仁、義是德序的核
心內容，在二者之間，董仲舒更注重「義」所代表的秩序性。在天人秩序下，
「義」所代表的秩序主要指以天地、陰陽論證的尊卑秩序及由五行論證的君
臣、父子秩序。

　　董仲舒認爲，人生於天地之間，浸潤於陰陽之氣，「生於化而反殼化」(《天
地陰陽》)。德序與封建等級秩序相符，則上下和諧，人事陰陽之氣順於天道
陰陽之氣，甚者出現美祥；反之，德序與封建等級秩序悖逆，則官僚腐化於
上，百姓怨憤於下，陰氣積聚，人事陰陽之氣乖逆於天道陰陽之氣，甚者出
現災異。災異由陰陽繆盭引起，陰陽繆盭則是由「邪氣積於下，怨惡畜於上，
上下不和」引起。邪氣、怨惡何以積聚？董仲舒云「凡惡之屬盡爲陰，善之
屬皆爲陽」，邪氣、怨惡是由「惡」的行爲引起，行惡無度，則陰氣積聚。在
封建等級制度下，貴族與地主大量兼併土地，殘酷盤剝農民，造成天下貧困、
民不聊生。貴族、地主居陽位而行「負且乘」之事，違背德序，此是陰氣積

聚。在董仲舒看來，貧困的農民受殘酷的剝削與壓榨而產生憤懣、怨恨之氣，此亦爲陰氣。產生於陽位的陰氣積聚與產生於陰位的陰氣積聚相互疊加，必然導致陰陽繆盭，甚者出現災異。由「惡」到「陰氣積聚」，再到「陰陽繆盭」，再到「災異」，此過程是董仲舒極力闡釋的「天地神明之心」的微妙變化。表面上看來天道的變化神秘莫測，非人所能預料，所以稱之爲「微」，「微」即微妙之意。《春秋繁露·精華》云：「古人有言曰：不知來，視諸往。今《春秋》之爲學也，道往而明來者也。然而其辭體天之微，故難知也。」《春秋》之學，「道往而明來」，即陳述以往發生的歷史事件，作爲人事的借鑒，使人們從中獲得經驗教訓。《春秋》微言大義之「微」，指人心的微妙。董仲舒認爲《春秋》之辭「體天之微」，實際上把人心的微妙與天道的微妙貫通起來，天道之微妙即人心之微妙。因爲天道是永恆不變的，所謂「天不變，道亦不變」（《漢書·董仲舒列傳》）。災異的出現並不意味著天道發生了變化，而是由於人事陰陽乖逆引起陰氣或者陽氣的積聚，無法與天道之陰陽對接，從而在人類社會出現的不常之變。所以，災異是對人事言，而非對天道言。但是，在天人體系下，天道與人事相貫通，天道從廣義上講又囊括了人事，災異也可以看作天道體系下發生的不常之變，但實際上，災異仍然是人事的變異。由此，天道變化的微妙即人事秩序變化的微妙，而人事變化的微妙在人心。《春秋》表述的微言大義，就在於人心的微妙。董仲舒將「天地神明之心」與人心相貫通，就在於借天道之微妙闡釋、表達人心之微妙。

「天地神明之心」可以認識、把握，則人心的微妙亦可以認識、把握。天道運行有其規律，人們長期以來觀察天道運行的規律，積累了豐富的知識；但這些知識，並非董仲舒所說的「天道之微」。董仲舒所說的「天道之微」是一個特定的概念，指災異之所起。災異是一種不常之變，因爲人們對此無法理解，往往產生一種神秘感。天道變化的微妙並非不可認識，只有聖人才能理解其中的奧妙。董仲舒說：「天地神明之心，與人事成敗之眞，固莫之能見也，唯聖人能見之。聖人者，見人之所不見者也。故聖人之言，亦可畏也。」（《春秋繁露·郊語》）「天地神明之心」即指天道秩序的微妙變化，「人事成敗之眞」即指人心的微妙變化，聖人參天地，故能見天道之微妙與人心的微妙。董仲舒認爲《春秋》的微言大義對聖人而言祇是一個「察」字，「弗能察，寂若無；能察之，無物不在。是故爲《春秋》者，得一端而多連之，見一空而博貫之，則天下盡矣」（《春秋繁露·精華》）。「人事成敗之眞」貫通於「天

地神明之心」，王者爲政需先知天，知天則能盡人事，「《春秋》舉世事之道，
夫有書，天道之盡與不盡，王者之任也。《詩》云：『天難諶斯，不易維王。』
此之謂也。夫王者不可以不知天」（《春秋繁露·天地陰陽》）。王者何以知天？
董仲舒云：

> 天意難見也，其道難理。是故明陰陽、入出、實虛之處，所以觀天
> 之志；辨五行之本末、順逆、小大、廣狹，所以觀天道也。（《春秋
> 繁露·天地陰陽》）

天意難見，故從陰陽的性能、變化以見天意，從五行相生相剋以見天道。陽
尊而陰卑，陽生萬物而陰輔陽以成萬物，天下萬物隨陽而動，春生、夏養、
秋成、冬藏，陽用於實而陰用於虛。陽處上位，陰處下爲，處上位仁愛於
下，則陰陽和順、上下和諧，故董仲舒得出「天志仁」的結論。木、火、
土、金、水比相生而間相勝，相生爲父子關係，木生而火養，金死而水藏，
父主而子從，子對父具有不可移易的義務與責任，此即爲義。五行之中，土
與地相近，因而土具有了地的屬性，火與土的關係相當於天與地的關係。地
起風成雨而歸功於天，土歸其功於火，土之事火爲忠，土對火具有不可移易
的責任與義務，此即爲義。所以董仲舒得出「天道義」的結論。「天志仁，其
道也義」（《春秋繁露·天地陰陽》）之「義」即天道秩序，「義」的核心內容
即由天地、陰陽、五行所決定的上下、尊卑秩序，這種秩序因爲以仁爲內
容，從而形成「德序」。

　　聖人通過陰陽的虛實、出入及五行的本末、順逆以知天，實際上是通曉
天道秩序及其內容。「體天之微」是指察覺天道的異樣變動，所謂異樣變動主
要指由違背天道秩序所引起的陰氣的積聚，由之導致陰陽的運行發生異樣的
變化。「惡之屬盡爲陰，善之屬盡爲陽」，官僚貴族居陽位而魚肉百姓，大量
兼併土地而使農民極端窮困，違背了天道厚民之意，屬於惡行，惡行必然導
致陰氣的積聚，造成陰陽乖逆。董仲舒以西周末年作爲例證，以說明官僚貴
族魚肉百姓的行徑所引起的天人秩序的變異。周文王、周武王時期，政治清
明，民心歸向，成爲後世效法的楷模。到了西周末世，統治者窮奢極欲，民
怨沸騰，陰氣積聚，上下乖亂，出現災異。西周統治者「殘賊良民以爭壤土，
廢德教而任刑罰」是違背天人秩序的行爲，違背了「德序」所賦予統治階級
的責任與義務，「刑罰不中，則生邪氣」是天人秩序發生的細微變化，即「天
之微」。當形成「邪氣積於下，怨惡畜於上」時，則陰陽舛逆，災異已經出現。

天道秩序的變化關鍵在順逆兩個字，順德序則治，逆德序則亂，從順逆關係就可以看出天道變化的奧妙，所以董仲舒說：「推天地之精，運陰陽之類，以別順逆之理。安所加以不在？在大小，在強弱，在賢不肖，在善惡。」（《春秋繁露・陽尊陰卑》）賢賢而賤不肖，善善而惡惡則順於德序，反之，則逆於德序。「天地神明之心」的微妙就體現在順逆之中，「見天數之所始，則知貴賤順逆所在；知貴賤順逆所在，則天地之情著，聖人之寶出矣」（《春秋繁露・陽尊陰卑》）。

　　在董仲舒的天人體系中，「天地神明之心」的微妙通過陰陽、善惡的對應關係與人心的微妙貫通起來，這樣，美祥與災異也就與人心的微妙變化聯繫起來，「天地神明之心」的微妙轉化為人心的微妙，人心的微妙變化成為天人秩序變異的關鍵。「微」有雙重含義：其一，微妙之意，性與情、善與惡之間寓意微妙。其二，細微之意，寓意事物處於開始發展的階段，將要經由一個由細微到顯著的轉變過程。董仲舒對「天地神明之心」、人心所包含的微妙、細微之意進行了闡釋，以揭示天人秩序變異的奧妙。《春秋》之微言大義，首先是微妙之意。微妙指情與欲、善與惡顯現於人性上的微妙關係。戰國時期關於人性問題的論戰，曾經出現過很多派別，概而言之，主要有「性善」、「性惡」、「性無分善與惡」、「性有善有惡」、「人性有善與不善」五種觀點。學者之所以對人性的認識有如此大的差別，就在於情與欲、善與惡之間存在著微妙的關係，不同的人因為個人的經歷、經驗不同而有不同的體驗。康德認為善是人性的原初稟賦，惡是人性的一種自然傾向，在這種自然傾向上可以嫁接惡的東西。康德關於惡是人性的一種自然傾向的觀點，就是對人性的一種很微妙的表述方式，其中隱含著人性的這種自然傾向的變數。至於情和欲的關係，學者亦有不同的認識。孟子由血緣親情看到的是仁。由惻隱之情看到的是善。荀子則不同，他從血緣親情看到的是私情，由食色之性看到的是貪欲，情必然歧出為私情、貪欲。孟子與荀子對於情的不同認識，反映了人心變化的微妙。《春秋》微言大義的宗旨在闡釋情與欲、善與惡的微妙關係，仁主通潤，「己欲立而立人，己欲達而達人」，推己及人，最終達於「仁民而愛物」。在仁的通潤過程中，義作為人性本有的秩序，與仁水乳交融地結合在一起，以保證忠恕之道的貫通。義作為人性本有的秩序，對老百姓而言往往處於潛在狀態。人們知曉敬兄、敬長是人生而具有的情感，當一個人做了不合情理的事情的時候，暫時的獲利無法掩蓋來自良知的慚愧與自責，或者當一

個人看到欺壓良善的事情發生時，正義感油然而生，這些都是人性本有的秩序「義」的表現。但是，在以上的情景下，人們往往感覺到了尊敬、慚愧、憤慨，而意識不到這些都是義的表現。當人們意識不到人性潛存的義的存在時，在善與惡的猶豫之間，在利欲的引誘下，有可能趨向於惡。仁主通潤，若無義的制約，則有可能違背了仁的初衷。韓非就對儒家的惠愛政策提出過質疑，韓非認爲，按照儒家的觀點，施恩於民爲仁，子貢曰：「如有博施於民而能濟眾，何如？可謂仁乎？」子曰：「何事於仁，必也聖乎！」（《論語‧雍也》）但是，博施於民如無義的制約，有可能淪落爲施人恩惠以籠絡人心的心計。如春秋時期魯國三桓、晉國六卿「散公財以悅民人，行小惠以取百姓」（《韓非子‧八奸》）。馮諼爲孟嘗君燒毀了薛人的債券，爲孟嘗君收買了薛人的民心。齊國田常大斗出，小斗入，齊國人歸附田常，以致後來田齊取代姜齊已成必然之勢。卿、大夫施行小恩小惠，收攬流散的士爲己所用，造成了「朝廷無人」的局面，「廷無人者，非朝廷之衰也，家務相益，不務厚國，大臣務相尊，不務尊君」（《韓非子‧有度》），最終形成私家勢力與公室分庭抗禮的局面。韓非最後得出了棄絕「愛道」，專務以法的結論。《春秋》所闡釋的微言大義即就仁義、善惡關係上言人心的微妙變化。《論衡‧對作》云：

> 孔子作《春秋》，周民弊也。故採求毫末之善，貶纖芥之惡，撥亂世，反諸正。

「毫末之善」與「纖芥之惡」即仁以啓發毫末之善，義以杜絕纖芥之惡，人心的微妙變化，盡在仁義之間。《春秋繁露‧王道》云：

> 孔子明得失，差貴賤，反王道之本。譏天王以致太平，刺惡譏微，不遺大小，善無細不舉，惡無細不去。進善誅惡，絕諸本而已矣。

善無細不舉，惡無細不去，進善誅惡，絕諸本之「本」即證悟人性本有的秩序——義，使其由潛在的狀態轉化爲高懸的良知評判之劍，在惡產生的一念之間，將其剷除殆盡。《春秋繁露‧玉杯》云：

> 《春秋》之好微與？其貴志也。

「志」指道德意向、趨向，或者行爲動機。「絕諸本」即在一念發動之幾進善而誅惡。所以蘇輿注解云：

> 《春秋》好微而貴志，絕諸本所以杜其漸。（《春秋繁露義證‧玉杯》）

蘇輿認爲，《春秋》微言的意義即「行防纖芥之萌」，「行防纖芥之萌」是重志

的意思，強調道德動機的純正。生活中關涉道德的小事，在不經意間，因統治者所處的風化地位，可能演化成社會風氣。董仲舒以隱公觀魚爲例說明「重志」對於社會風氣的重要意義：

> 公觀魚於棠，何？惡也。凡人之性，莫不善義，然而不能義者，利敗之也。故君子終日言不及利，欲以勿言愧之而已，愧之以塞其源也。夫處位動風化者，徒言利之名爾，猶惡之，況求利乎！（《春秋繁露·玉英》）

隱公觀魚於棠，在窮奢極欲的貴族官僚看來，是微不足道的小事而已，但作爲統治者，隱公的一言一行是國人關注的焦點，上行而下效，特別是隱公的行爲可能成爲貴族官僚效法的榜樣。劉向在《說苑》中對周天子派家臣毛伯向諸侯索要金子一事進行了評價，並以之說明隱公觀魚對社會習俗的影響。

《說苑·貴德》云：

> 周天子使家臣毛伯求金於諸侯，《春秋》譏之。故天子好利則諸侯貪，諸侯貪則大夫鄙，大夫鄙則庶人盜。上之變下，猶風之靡草也。故人君者，明貴德而賤利以導下，下之爲惡，尚不可止。今隱公貪利而身自漁，濟上而行八佾，以此化於國人，國人安得不解於義。解於義而縱於欲，則災害起而臣下僻矣。（《說苑·貴德》）

隱公觀魚，實際上是與民爭利，以此教化國人，時風所及，國人「解於義而縱於欲」。由隱公觀魚所引發的人心的微妙變化，正是《春秋》微言大義所要闡釋的重要內容之一。「負且乘」逆於《易》之理，居至德之位而爲小人之行逆於德序，表面上看來是求財利的原因，實際上是因財利之故引起道德心理發生變化，從而引起社會習俗、倫理道德發生變化。官僚貴族享受國家俸祿，又對黎民百姓強取豪奪，大量兼併土地，造成社會財力兩極分化，富者愈富而貧者愈貧，從而使富者與貧者在心態上都發生了變化，構成了潛在的社會危機。董仲舒從天道中和論的角度對次進行了分析，他說：「孔子曰：『不患貧而患不均。』故有所積重，則有所空虛矣。大富則驕，大貧則憂；憂則爲盜，驕則兇暴，此眾人之情也。聖者則於眾人之情，見亂之所從生，故其制人道而差上下也，使富者足以示貴而不至驕，貧者足以養生而不至於憂，以此爲度爲調均之，是以財不匱而上下相安，故易治也。」（《春秋繁露·度制》）「大富則驕，大貧則憂；憂則爲盜，驕則兇暴」是人之常情，官僚地主愈來愈富，農民愈來愈窮，長此以往，必將導致社會危機。《春秋》微言大義闡釋

的正是人心的微妙變化與社會危機的內在聯繫，強調撥亂反正、恢復王道應當從人心作起，進善誅惡，防患於未然。司馬遷對《春秋》微言大義有獨到的見解，他說：

> 春秋之中，弒君三十六，亡國五十二，諸侯奔走不保社稷者不可勝數。察其所以，皆失其本已。故易曰「差以毫釐，謬以千里。」（《漢書·司馬遷傳》）

「本」即正人心，人心微妙，仁主通潤，義以正我，才能推己及人，建立和諧的倫理社會。不能由血緣親情透顯仁，不能由惻隱之心透顯善，不能證悟人性本有的秩序「義」，則情將歧出為貪欲，上下逐利，出現諸如臣殺君、子殺父一類的事件就不難理解。「差以毫釐，謬以千里」即是就人心的微妙而言，《春秋繁露·仁義法》云：

> 觀物之動而先覺其萌，絕亂塞害於將然而未行之時。

此正是《春秋》微言大義的宗旨。所以蘇興說：「《春秋》非一世之書也，所以絕亂萌於未然，示變事之所起，使人防患而復道，鑒往以懲來。」（《春秋繁露義證·竹林》）

《春秋》微言大義的第二重含義是細微，意指事物變異的初級階段，於細微之處發現存在的問題，以便及時糾正。《春秋》記載了大量的災異，以標誌天人秩序發生了變化，提醒統治者及時反省。董仲舒稱「微」與「著」為二端：

> 《春秋》至意有二端，不本二端之所從起，亦未可與論災異也，小大微著之分也。夫覽求細微於無端之處，誠知小之將為大也，微之將為著也，吉凶未形，聖人所獨立也。……故聖人能繫心於微，而致之著也。……故書日蝕、星隕、有蜮、山崩、地震、夏大雨水、冬大雨雹，隕霜不殺草，自正月不雨至秋七月，有鸜鵒來巢，《春秋》異之，以此見悖亂之徵，是小者不得大，微者不得著。雖甚未，亦一端，孔子以此傚之，吾所以貴微重始是也。因惡夫推災異之象於前，然後圖安危禍亂於後者，非《春秋》之所甚貴也。然而《春秋》舉之以為一端者，亦欲其省天之譴而畏天威，內動於心志，外見於事情，修身審己，明善心以反道者也。（《春秋繁露·二端》）

任何事物的發展必然要經歷一個由細微到顯著的過程，善惡的積聚也是如此，聖人能於細微之處預見事物的發展趨勢。《漢書·董仲舒傳》云：「堯兢

堯日行其道，而舜業業日致其孝，積善而名顯，德章而身尊，此其浸明浸昌
之道也。積善在身，猶長日加益，而人不知也；積惡在身，猶火之銷膏，而
人不見也。非明乎情性察乎流俗者，孰能知之？」又云：「夫暴逆不仁者，非
一日而亡也，亦以漸至，故桀紂無道，然猶享國十餘年，此其浸微浸滅之道
也。」善惡的積聚引起天人秩序的變異，聖人體天之微，於細微處發現天道
的變異，故能及時反省，防微杜漸，以避免發生嚴重的後果。《春秋》記載的
日蝕、星隕、有蜮、山崩、地震、夏大雨水、多大雨雹均稱之為異。《春秋》
記異就在於強調由「災」到「異」的變化過程，提醒統治階級及時醒悟，仁
愛下民，緩和階級矛盾。災異是天意的顯現，天厚於萬物，以生民為意，統
治者背逆德序，引發陰陽舛逆，天出災異予以警告，提醒統治者反身自醒。
董仲舒說：「謹案災異以見天意。天意有欲也，有不欲也。所欲所不欲者，人
內以自省，宜有懲於心，外以觀其事，宜有驗於國。故見天意者之於災異
也，畏之而不惡也，以為天欲振吾過，救吾失，故以此報我也。《春秋》之
法，上變故易常，應是而有天災者，謂幸國。……楚莊王以天不見災，地不
見孽，則禱之於山川，曰：『天其將亡予邪？不說吾過，極吾罪也。』以此觀
之，天災之應過而至也，異之顯明可畏也。此乃天之所欲救也，《春秋》之所
獨幸也，莊王所以祈而請也。聖主賢君尚樂受忠臣之諫，而況受天譴也？」（《春
秋繁露·必仁且智》）所以說「國家將有失道之敗，而天乃先出災害以譴告之，
不知自省，又出怪異以警懼之；尚不知變，傷敗乃至。以此見天心之仁愛人
君而欲止其亂也。」（《對策》）人稟承天地中和之氣而生，但由於稟承氣之「精」
的程度不同，故而人對於天道的體悟程度也有所不同。董仲舒將人性分為聖
人之性、中人之性、斗筲之性，就是針對人對天道的體悟程度而言。常人看
到自然現象的變化，能隱約感到變化的奇妙，但終不能理解其中的奧秘。《春
秋繁露·天道施》云：「積習漸靡，物之微者也，其入人不知，習忘乃為，
常然若性，不可不察也。」唯有聖人能「體天之微」，於天道變化的細微之處
知曉天道變化的趨勢。所以董仲舒引用孔子的話稱「聖人之言，亦可畏也」（《春
秋繁露·郊語》）。

在天人秩序中，個人行為對天人秩序的影響並非董仲舒闡釋的重點。董
仲舒的天人秩序與現實的政治生活密切相關，鑒於歷史的沉痛教訓及秦朝滅
亡對西漢統治者的巨大震撼，董仲舒將天人秩序變異的核心集中於官僚、貴
族、地主對農民的殘酷剝削所引起的尖銳的階級矛盾上。董仲舒通過陰陽、

五行的對立統一矛盾，將陰陽、五行與善惡貫通起來，從而將階級矛盾轉化為善與惡的微妙關係，實際上是把階級矛盾轉化成人性問題。聖人於天人秩序變異的細微處能以微見著，就可以及時採取措施以絕微杜漸，施仁政於天下，緩和階級矛盾。《春秋繁露‧仁義法》云：

> 夫救蚤而先之，則害無由起，而天下無害矣。然則觀物之動，而先覺其萌，絕亂塞害於將然而未形之時，《春秋》之志也，其明至矣。非堯舜之知，知禮之本，孰能當此。……是以知明先，以仁厚遠。遠而愈賢，近而愈不肖者，愛也。故王者愛及四夷，霸者愛及諸侯，安者愛及封內，危者愛及旁側，亡者愛及獨身。獨身者，雖立天子諸侯之位，一夫之人耳，無臣民之用矣。如此者，莫之亡而自亡也。

「救害而先之」即絕微杜漸之意，施仁政於天下，既是德序的要求，亦是德序的體現。德與位相符，則上下和諧，天人秩序順暢，天下安泰。

四、絕微杜漸

《春秋》之志，貴微而重始，「因惡夫推災異之象於前，然後圖安危禍亂於後者，非《春秋》之所甚貴也。然而《春秋》舉之以為一端者，亦欲其省天譴而畏天威，內動於心志，外見於事情，修身審己，明善心以反道者也，豈非貴微重始，慎終推效者哉！」（《春秋繁露‧二端》）「內動於心志」、「明善心以反道」即及時進善除惡。董仲舒以天道論人事，陰陽之氣此消彼長，春夏秋冬四季輪轉，無有鬱積，無有滯留。人事效法天道，應及時進善去惡，無使陰氣積聚。

（一）「絕微杜漸」對天人秩序的意義

人有喜、怒、哀、樂，相當於天有春、夏、秋、冬，「春，愛志也；夏，樂志也；秋，嚴志也；冬，哀志也。故愛而有嚴，樂而有哀，四時之則也。喜怒之禍，哀樂之義，不獨在人，亦在於天；而春夏之陽，秋冬之陰，不獨在天，亦在於人。人無春氣，何以博愛而容眾？人無秋氣，何以立嚴而成功？人無夏氣，何以盛養而樂生？人無冬氣，何以哀死而恤喪？天無喜氣，亦何以暖而春生育？天無怒氣，亦何以清而秋殺就？天無樂氣，亦何以疏陽而夏養長？天無哀氣，亦何以激陰而冬閉藏？故曰：天乃有喜怒哀樂之行，人亦有春秋冬夏之氣者，合類之謂也」（《春秋繁露‧天辨在人》）。春、夏、秋、

冬四時輪轉，無有積滯；人有喜、怒、哀、樂，同為一氣之變，相互貫通，亦應及時抒發，無所積留。有所積留則神情不爽，有背於養生之道。董仲舒說：「陰陽之氣，在上天，亦在人。在人者為好惡喜怒，在天者為暖清寒暑，出入、上下、左右、前後，平行而不止，未嘗有所稽留滯鬱也。其在人者，亦宜行而無留，若四時之條條然也。夫喜怒哀樂之止動也，此天之所為人性命者。臨其時而欲發，其應亦天應也，與暖清寒暑之至其時而欲發無異。若留德而待春夏，留刑而待秋冬也，此有順四時之名，實逆於天地之經。在人者亦天也，奈何其久留天氣，使之鬱滯，不得以其正周行也。是故天行穀朽寅，而秋生麥，告除穢而繼乏也。所以成功繼乏，以贍人也。」（《春秋繁露‧如天之為》）按照董仲舒四季與陰陽、五行相輔相成的原則，春夏主德而秋冬主刑，帝王當於春夏修德，施仁政於民，赦免犯人，減輕租賦；於秋冬兩季嚴刑罰，處決犯人，整飭法令。但是，董仲舒強調陰陽之氣無所積滯，如果只在春夏兩季修德，秋冬兩季嚴刑，必然導致春夏兩季刑罰積滯，秋冬兩季文德不足。所以董仲舒稱「留德而待春夏，留刑而待秋冬」，表面上看起來順承四時，實際上違背天道之常。董仲舒強調四季無所積滯的目的在於闡釋《春秋》「善無細不舉，惡無細不去」（《春秋繁露‧王道》）的理論，以保持天人秩序的順暢，這是《春秋》微言大義所在。董仲舒對此作了更詳細的論證，《春秋繁露‧如天之行》云：

> 天之生有大經也，而所周行者，又有害功也，除而殺殛者，行急皆不待時也，天之志也，而聖人承之以治。是故春修仁而求善，秋修義而求惡，冬修刑而致清，夏修德而致寬。此所以順天地，體陰陽。然而方求善之時，見惡而不釋；方求惡之時，見善亦立行。方致清之時，見大善亦立舉之；方致寬之時，見大惡亦立去之。以傚天之方生之時有殺也，方殺之時有生也。是故志意隨天地，緩急仿陰陽。然而人事之宜行者，無所鬱滯，且怨於人，順於天，天人之道兼舉，此謂執其中。天非以春生人，以秋殺人也。當生者曰生，當死者曰死，非殺物之義待四時也。而人之所治也，安取久留當行之理，而必待四時也。此之謂壅，非其中也。人有喜怒哀樂，猶天之有春夏秋冬也。喜怒哀樂之至其時而欲發也，若春夏秋冬之至其時而欲出也，皆天氣之然也。其宜直行而無鬱滯，一也。天終歲乃一遍此四者，而人主終日不知過此四者之數，其理固不可以相待。且天之欲

利人也，非直欲利穀也。除穢不待時，況穢人乎！（《春秋繁露·如天之行》）

四季轉化，陰陽運行，「可節而不可止也。節之而順，止之而亂」（《春秋繁露·王道通》），「節」是調節，「止」是積滯。人可以適當地調節人事的陰陽變化，以適應天道陰陽之氣的運行，如春夏修德而秋冬嚴刑，此為「節」。人事陰陽的積滯，必然影響天道陰陽的運行，此為「止」，董仲舒又稱之為「壅」，「壅」違背了天道中和，將導致災異的出現。實際上，陰陽此消彼長，四季輪轉更替是自然發展變化的規律，所謂「天不變，道亦不變」，天道的變化是不會出現「壅」的，所以「壅」專指人事秩序的壅塞。人事秩序的壅塞也不是由喜、怒、哀、樂的情感的積滯引發的，此處的「壅」專指由惡所引發的陰氣的積滯，由此導致天人秩序壅塞。董仲舒說：「治亂之氣，邪正之風，是殽天地之化者也。」（《春秋繁露·天地陰陽》）適時疏導、消解亂氣、邪氣，就要「方求善之時，見惡而不釋；方求惡之時，見善亦立行」，此即《春秋》進善去惡之法。「天，仁也」，人生於天而取法於天，故性有善質；天有陰陽之氣，人有貪仁之性，故性有善質而未能為善。所謂「進善」即明於「仁者人也」（《春秋反露·仁義法》）。血緣親情歧出為私情，食色之情歧出為貪欲，則為惡。義作為人性本有的秩序，在潛在狀態下，以良知的形式充塞本然之情歧出為欲。結合仁、義而言，董仲舒稱之為「以仁安人，以義正我」（《春秋繁露·仁義法》）。在天人體系下，董仲舒特別強調「義以正我」對天人秩序的重要意義。「義」作為人性本有的秩序，在潛在狀態下以良知的形式充塞本然之情歧出為欲，此即道無所不在，百姓日用而不知。但是，義作為人性的一種體悟性秩序，如同良知一樣，並非在任何情境下都可以被喚醒，因而失去對情的制約作用。董仲舒強調「義以正我」，使義由潛在狀態轉化為顯在狀態，成為道德評判的標準。

（二）《春秋》立義論

董仲舒闡釋了天人秩序下「《春秋》立義」的意義。董仲舒首先分析了義利關係及義對人的存在的重要意義。董仲舒說：

> 天之生人也，使人生義與利。利以養其體，義以養其心。心不得義不能樂，體不得利不能安。義者，心之養也，利者，體之養也。體莫貴於心，故養莫重於義。義之養生人大於利，奚以知之？今人大有義而甚無利，雖貧與賤，尚榮其行，以自好而樂生，原憲、曾、

閔之屬是也。人甚有利而大無義，雖甚富，則羞辱大，惡惡深，禍
患重，非立死其罪者，即旋傷殃憂爾，莫能以樂生而終其身，刑戮
夭折之民是也。夫人有義者，雖貧能自樂也；而大無義者，雖富莫
能自存。吾以此實義之養生人也，大於利而厚於財也。（《春秋繁露‧
身之養重於義》）

董仲舒認為人生於天，天賦予人以生存的權利，故人必須有所獲利以維持其
生存；同時，天的秉性是仁，人生於天而稟性於天，因而人生來就具有榮
辱、廉恥之心。所以義與利是人生存所不可缺少的兩個必然條件，但是，
此處的利指人生存的必要物質條件及人應當獲得的正當利益，並非沒有原
則、不顧一切的強取豪奪，或者坑蒙拐騙；否則，利就與義發生矛盾。在
義與利二者之間，義重於利，恰恰是義對利的制約作用，才使一個人有道
德、有修養。推而廣之，在義的作用下，社會才是一個和諧的、文明的社會。

董仲舒認為《春秋》是「立義」之書，《春秋繁露‧王道》云：「《春秋》
立義。」蘇輿注云：「《春秋》為立義之書，非改制之書。」《春秋繁露‧楚莊
王》云：

吾以其近近而遠遠，親親而疏疏也，亦知其貴貴而賤賤，重重而輕
輕也。有知其厚厚而薄薄，善善而惡惡也；有知其陽陽而陰陰，白
白而黑黑也。百物皆有合偶，偶之合之，仇之匹之，善矣。《詩》云：
「威儀抑抑，德音秩秩。無怨無惡，率由仇匹。」此之謂也。然則
《春秋》義之大者也。

蘇輿注云：「《春秋》以立義為宗，在學者善推爾。」蘇輿對何休注解《公羊
傳》作了評價，曰：「何氏傳注，輒云春秋之制，其實皆義而已。」（《春秋繁
露義證‧王道》）從董仲舒、何休、蘇輿對《春秋》的理解來看，《春秋》張
例以闡釋義理，義理的核心即「義」。義以正我即道德自律。董仲舒說：

義者，謂宜在我者；宜在我者，而後可以稱義。故言義者，合我與
宜以為一言，以此操之，義之為言我也。故曰：有為而得義者，謂
之自得；有為而失義者，謂之自失。人好義者，謂之自好；人不好
義者，謂之不自好。以此參之，義，我也，明矣。（《春秋繁露‧仁
義法》）

《中庸》云：「義者，宜也。」「宜在我者」即義為我所本有，故得義者謂之
自得，失義者謂之自失。董仲舒非常推崇孟子，他繼承了孟子關於「義」的

理念並加以發展。孟子認為義是「羞愧之心」，是良知，是人生而具有的道德理性，孟子說：「仁義禮智根於心」(《孟子‧盡心上》)，「仁義禮智，非由外鑠我也，我固有之也」(《孟子‧告子上》)。同時，孟子又將「義」表述為「敬兄」、「敬長」的人性秩序，「敬其兄」標誌兄長和弟弟之間的秩序，「敬長」標誌長輩和晚輩之間的秩序，「達之天下」則是將敬兄、敬長的秩序推而廣之，成為普遍的人事秩序。董仲舒基本繼承了這一思想，一方面他認為義為人性所本有，如「凡人之性，莫不善義」(《春秋繁露‧玉英》)；另一方面，他認為義是標誌人事秩序的概念，《春秋繁露‧盟會》云「立義以明尊卑之分，強幹弱枝以明大小之職；別嫌疑之行，以明正世之義；采摭託意，以矯失禮。善無小而不舉，惡無小而不去，以純其美。別賢不肖以明其尊。親近以來遠，因其國而容天下，名倫等物不失其理，公心以是非，賞善誅惡而王澤洽。」明「尊卑之分」、「大小之職」、「正世之義」及別賢不肖、賞善誅惡、名倫等物皆屬於義之事，即人事秩序。

重名分是人事秩序「義」的重要表現：

> 《春秋》慎辭，謹於名倫等物者也。是故小夷言伐而不得言戰，大夷言戰而不得言獲，中國言獲而不得言執，各有辭也。有小夷避大夷而不得言戰，大夷避中國而不得言獲，中國避天子而不得言執，名倫弗予，嫌於相臣之辭也。是故大小不踰等，貴賤如其倫，義之正也。(《春秋繁露‧精華》)

名倫正方能得義之正，所以董仲舒說「正名」的目的在於「明義」：

> 名者所以別物也，親者重，疏者輕，尊者文，卑者質，近者詳，遠者略，文辭不隱情，明情不遺文，人心從之而不逆，古今通貫而不亂，名之義也。男女猶道也，人生別言禮義，名號之由人事起也，不順天道，謂之不義。察天人之分，觀道命之異，可以知禮之說矣。見善者不能無好，見不善者不能無惡，好惡去就，不能堅守，故有人道。人道者，人之所由，樂而不亂，復而不厭者。萬物載名而生，聖人因其象以命之。然而不可易也，皆有義從也，故正名以明義也。
> (《春秋繁露‧天道施》)

「名之意」與「名之義」不同，前者著重於名的概念，後者著重於名所蘊涵的義理，如「人道」作為「名」所蘊涵的義理即「見善者不能無好，見不善者不能無惡」。「萬物載名而生，聖人因其象以命之。然而不可易也，皆有義

從也」之「義」即義理，亦即標誌萬物存在及相互關係的秩序。「正名以明義」
即正人事之名以明人事秩序。

　　「義」的另一重含義指天道秩序。董仲舒以天道論人事，以天道之義闡
釋人道之義，達到「命以輔義」的教化目的。天道秩序，陽尊而陰卑，陽主
而陰從，正陰陽之序，即正陰陽之義。董仲舒說：

　　　變天地之位，正陰陽之序，直行其道而不忘其難，義之至也。(《春
　　　秋繁露·精華》)

蘇注：「正陰陽，春秋之大義也。易曰：『天尊地卑，乾坤定矣。』」天道陰陽
與人事陰陽相貫通，則人道之義與天道之義亦相貫通，天道秩序與人事秩序
統一為天人秩序，天人貫通、天人順暢，則為天人之義。義作為人性本有的
秩序，如上文所述，往往處於潛在的狀態，就其本質而言，又是一證悟的邏
輯體系，因此，義對人性的制約作用因其潛在性而往往變得不充分、不徹底。
董仲舒舉了一個非常深刻的例子，以說明「義」的潛在狀態。《春秋繁露·身
之養重於義》云：「今握棗與錯金，以示嬰兒，嬰兒必取棗而不取金也。握一
斤金與千萬之珠，以示野人，野人必取金而不取珠也。故物之於人，小者易
知之，其於大者難見也。今利之於人小而義之於人大，無怪民之皆趨利而不
趨義也，固其所暗也。」棗與金子的差別不言自明，小孩取棗而捨棄金子，
以此比喻人受感性的蒙蔽而不分輕重、不辨真偽。野人取金而捨棄珠子，雖
能在金子與珠子之間作出正確的判斷，但在義與利面前，卻往往迷失了路徑。
只有當人認識到「義」對人的存在具有的不可或缺的作用時，只有當人性本
有的秩序「義」由潛在轉化為顯在時，才能使「義以正我」真正落到實處。
董仲舒以天道之義闡釋人事之義，企圖通過天至高無上的權威，以確立「義」
的至上性，從而使人事秩序與人性秩序有了外在的客觀基礎。

　　西漢初年，官僚地主大量兼併土地，社會兩極分化嚴重，階級矛盾尖銳。
在這種歷史條件下，董仲舒將批判的矛頭指向統治階級，所謂「義以正我」，
主要針對統治階級而言。在董仲舒的天人秩序下，統治階級因其在德序中的
特殊地位，對於社會教化起著非常重要的作用，董仲舒稱之為「動風化者」，
即孔子所謂「君子之德風，小人之德草，草上之風，必偃」(《論語·顏淵》)。
注重聖人、君主的表率作用，一直是中國文化的傳統，《孟子·離婁》云：「君
仁，莫不仁；君義，莫不義。」《孟子·滕文公》云：「上有好者，下必有甚
矣。」西漢初年的社會現實恰恰與此相反，官僚貴族對農民的巧取豪奪使統

治階級與農民階級之間已毫無信義可言，這對一個有秩序的社會而言是不可想像的。董仲舒認識到官僚地主無度的剝削已經給國家帶來嚴重的社會危機，必須採取措施打擊豪強地主。事實上，漢武帝也已經認識到豪強地主對農民的剝削對社會造成的危害，他任用張湯、杜周等酷吏削弱豪強地主的勢力；但同時也造成了嚴重的後果。主要表現在兩個方面，其一，酷吏為了達到削弱豪強地主勢力的目的，極力擴大打擊面，使很多無辜的人受到了牽連，從而影響了政府的信譽。其二，以酷吏鎮壓豪強地主，實際上是採取了武力鎮壓的方式，沒有達到教化的目的，治標不治本。董仲舒認為要根本改變西漢的民風民俗，必須實行「更化」政策，實施德教，以仁義道德重建社會秩序。「更化」的目標直接指向以官僚地主為核心的統治階級，董仲舒說：「臣謹案《春秋》謂一元之意，一者萬物之所從始也，元者辭之所謂大也。謂一為元者，視大始而欲正本也。」（《漢書‧董仲舒傳》）何謂「正本」？「正本」即通過教化以為善去惡，以官僚地主為核心的統治階級處於「動風化」的關鍵位置，他們居顯要之位而為「負且乘」之行，必然導致民心背離、風俗流散，甚者陰氣積聚，出現災異。所以，董仲舒提出了正本「反自貴者始」的理論。董仲舒說：

> 《春秋》深探其本，而反自貴者始。故為人君者，正心以正朝廷，正朝廷以正百官，正百官以正萬民，正萬民以正四方。四方正，遠近莫敢不壹於正，而亡有邪氣間其間者，是以陰陽調而風雨時，群生和而萬民殖，五穀孰而中木茂，天地之間被潤澤而大丰美，四海之內聞盛德而皆徠臣，諸福之物，可致之祥，莫不畢至，而王道終矣。（《漢書‧董仲舒傳》）

自上而下以正本，則德序與封建等級制度相符合，上者仁愛於下，惡無所生而陰氣無所積聚，人事之陰陽順於天道陰陽，如此，可致美祥。故而董仲舒說：「《春秋》之道，以元之深正天之端，以天之端正王之政，以王之政正諸侯之即位，以諸侯之即位正境內之治。五者俱正，而化大行。」（《春秋繁露‧玉英》）為何以「元之深正天之端」，然後以「天之端正王之政」，依次類推，逐級而下？這仍然是一個上行下效的問題，「元」至善至美，自然義天承接元而來，亦盡善盡美，以盡善盡美的元、天正諸侯、百官之政，有了良好的開端，才能有始有終。天子正則諸侯傚仿，諸侯正則卿、大夫傚仿，卿、大夫正則群僚、民眾傚仿。「正本」對於官僚、地主而言，文教是最合適的方法，

而且社會的文明程度，往往是通過當權者表現出來的。所以董仲舒的「正本」理論具有長遠的社會意義和文化意義。

（三）積賢論

針對官僚地主在西漢政權中的重要地位，及與之相對應的「德序」的要求，董仲舒提出了「積賢」理論。

由天子到諸侯，再到群僚百官，再到黎民百姓，最下到「昏盜」之徒，在這一序列之中，官僚地主起著非常重要的作用，他們支撐著整個封建社會體系。從兩千多年的文明史來看，士大夫階層不僅是封建社會的支柱，而且是文化的載體，他們的文化修養對文明的傳承起著關鍵作用。當然在這一過程中，人民群眾是文化的締造者，是推動社會前進的力量，人民的作用永遠是無法抹殺的；但同時也不可否認，士大夫作為民眾的精英，在同一文化背景下，無疑決定著文化的文明程度及文化的時代走向。在德序理論框架下，董仲舒強調聖賢在社會文教中的積極作用，主張任用聖賢，形成「積賢」理論。

董仲舒以天道「積精」以自剛論述君主「積賢」以自明。《春秋繁露‧天地之行》云：

> 天高其位而下其施，藏其形而見其光，序列星而近至精，考陰陽而降霜露。高其位，所以為尊也；下其施，所以為仁也；藏其形，所以為神也；見其光，所以為明也；序列星，所以相承也；近至精，所以為剛也；考陰陽，所以成歲也；降霜露，所以生殺也。為人君者其法取象於天，故貴爵而臣國，所以為仁也；深居隱處，不見其體，所以為神也；任賢使能，觀聽四方，所以為明也；量能授官，賢愚有差，所以相承也；引賢自近，以備股肱，所以為剛也；考實事功，次序殿最，所以成世也；有功者進，無功者退，所以賞罰也。是故天執其道為萬物主，君執其常為一國主。天不可以不剛，主不可以不堅。天不剛則列星亂其行，主不堅則邪臣亂其官。星亂則亡其天，臣亂則亡其君。故為天者務剛其氣，為君者務堅其政，剛堅然後陽道制命。

天道序列星，以鞏固天道秩序，董仲舒稱之為「剛」，「剛」即天道乾乾不息於誠之意，唯有列星之間各就其位，各行其序，天道方能運行不息。人君為政應當效法天道，「引賢自近，以備股肱」，此為人君之「剛」。君主積眾賢而

爲政，則賢賢而賤不肖，小人無法夾雜其間，邪臣無法亂其官，政治清明，民心歸向。天道「積精」與君主「積賢」並非僅僅是對應關係，二者還是同源關係。「氣之清者爲精，人之清者爲賢」(《春秋繁露·通國身》)，氣之清者爲精，而人稟承天地之精氣而生，人之清者爲賢，賢人與「氣之清者爲精」之「精」從本原上講是相貫通的，均是一氣之精華。董仲舒以人身「積精」對形體的意義闡釋人君「積賢」對人事秩序的意義。董仲舒說：

> 治身者以積精爲寶，治國者以積賢爲道。身以心爲本，國以君爲主。精積於其本，則血氣相承受；賢積於其主，則上下相制使。血氣相承受，則形體無所苦；上下相制使，則百官各得其所。形體無所苦，然後身可得而安也；百官各得其所，然後國可得而守也。夫欲致精者，必虛靜其形；欲致賢者，必卑謙其身。形靜志虛者，精氣之所趣也；謙尊自卑者，仁賢之所事也。故治身者，務執虛靜以致精；治國者，務盡謙卑以致賢。能致精，則合明而壽；能致賢，則德澤洽而國太平。(《春秋繁露·通國身》)

養生以積精爲本，精氣充足則血脈順暢，形體安逸；否則血氣不足，形體困頓。治國以積賢爲事，賢人用事則百官各得其所，上行下效，政治清明。董仲舒將「積賢」納入天人秩序，就其本質而言，也是積善。董仲舒說：「天道積聚眾精以爲光，聖人積聚眾善以爲功。故日月之明，非一精之光也；聖人致太平，非一善之功也。」(《春秋繁露·考功名》)但是，西漢政權內部，官吏之間魚龍混雜，奸佞無德者混跡其中，官僚地主爲了滿足窮奢極欲的生活，殘酷盤剝黎民百姓，形成統治階級與農民階級之間尖銳的矛盾對立。董仲舒在給漢武帝的上書中揭露了西漢官場的現實：「累日以取貴，積久以致官，是以廉恥貿亂，賢不肖渾殽，未得其眞。」(《漢書·董仲舒傳》)「未得其眞」即論資排輩的官階制度與德序不符，士大夫階層作爲文明、文化的載體，不能實現承流宣化的任務。西漢初年的官制主要實行恩蔭制，官吏大多來自郎官之選。在恩蔭制度下，一方面，官僚的子孫，無論賢愚，大都可以得到有一份官差，如此安逸的生活使許多官宦人家子弟逐漸失去了上進心，逐漸造成官僚階層整體素質的下降。另一方面，許多貧寒人家的子弟，雖然滿腹經綸，志向高遠，卻因爲非官僚出身而失去了報效國家的機會。在董仲舒的天人秩序下，官僚集團的腐敗直接影響了天人秩序的貫通，使天、天子的仁愛、好生之德無法下達，或者說使皇恩不能遍潤流澤，從而形成天人秩

序不通，甚者出現災異。官僚地主階級是封建社會的支柱，官僚集團的腐敗可以直接導致一個王朝的衰亡。董仲舒以「鼎折足」來比喻聖賢對一個國家的重要意義：

> 以所任賢，謂之主尊國安。所任非其人，謂之主卑國危。萬世必然，無所疑也。其在《易》曰：「鼎折足，覆公餗。」夫鼎折足者，任非其人也。覆公餗者，國家傾也。是故任非其人而國家不傾者，自古至今未嘗聞也。故吾按《春秋》而觀成敗，乃切悁悁於前世之興亡也。任賢臣者，國家之興也。夫知不足以知賢，無可奈何矣。知之不能任，大者以死亡，小者以亂危，其若是何邪？以莊公不知季子賢邪？安知病將死，召而授以國政。以殤公爲不知孔父賢邪？安知孔父死，己必死，趨而救之。二主知皆足以知賢，而不決，不能任。故魯莊以危，宋殤以弒。使莊公早用季子，而宋殤素任孔父，尚將興鄰國，豈直免弒哉！此吾所悁悁而悲者也。（《春秋繁露·精華》）

聖賢是國家的棟樑之才，如同鼎足，董仲舒對歷史上捐棄聖賢、任用奸佞而導致國家衰亡的歷史教訓深有感觸，他認爲孔子作《春秋》的目就在於「起賢才」，他說：「仲尼之作《春秋》也，上探正天端王公之位，萬民之所欲，下明得失，起賢才，以待後聖。」（《春秋繁露·俞序》）聖賢作爲德的一種文化標誌，本身即一種秩序，其中蘊涵了君君、臣臣、父父、子子的倫理秩序，所以董仲舒說：「別嫌疑，異同類，則是非著矣。論賢才之義，別所長之能，則百官序矣。」（《春秋繁露·十指》）針對漢武帝時期官僚集團的現狀，董仲舒提出了創辦太學以培養人才的主張，他說：「夫不素養士而欲求賢，譬猶不琢玉而求文采也。故養士之大者，莫大乎太學；太學者，賢士之所關也，教化之本原。今以一郡一國之眾，對亡應書者，是王道往往而絕也。臣願陛下興太學，置明師，以養天下之士，數考問以盡其材，則英俊宜可得矣。」（《漢書·董仲舒傳》）董仲舒將太學提高到教化本原的高度，可以看出漢武帝時期整個國家文教貧乏的基本狀況，甚至「亡應書者」。董仲舒既將太學看作培養俊才以解決人才問題的緊急應策，又將太學看作普及教化的基本方針，從而爲封建社會培養人才確立了基本的文教政策。在人才的使用上，董仲舒主張「錄德而定位」，「毋以日月爲功，實試賢能爲上，量材而授官，錄德而定位，則廉恥殊路，賢不肖異處矣」（《漢書·董仲舒傳》），「錄德而定位」，賢不肖

異處，上以德服下，下遵從於上，上下和諧，則政治清明。

（四）禮制「上下序而民志定」的規範意義

董仲舒的「積賢」理論，歸根結底仍然是教化問題，通過興辦太學，以儒家的文化理論培養賢才，將「義以正我」落實到教化層面，從而逐漸改善社會風化，最終建立和諧的倫理社會。董仲舒在強調以仁義教化陶冶人的心靈的同時，特別重視外在的禮儀規範對心靈的薰陶作用，禮儀所具有的威嚴及人們尊崇道德行為的誠摯之心潛移默化地陶冶著人的心靈，即使一個沒有接受過系統的倫理道德說教的人，也可以將倫理道德轉化為一種潛在的默識。《漢書·禮樂志》云：「畏敬之意難見，則著之於享獻、辭受、登降、拜跪。和親之說難形，則發之於詩歌、詠言、鍾石、莞絃。蓋嘉其敬意而不及其財賄，美其歡心而不流其聲音。」禮儀通過享獻、辭受、登降、拜跪以顯現畏敬之意，通過詩歌、詠言、鍾石、莞絃以顯現和親之情。這種顯現蘊涵在心靈對外在禮儀形式的感受之中，久而久之，就轉化成心靈對外在行為所展現的義理的默識，賈誼說：

> 禮云禮云者，貴絕惡於未萌，而起敬於微眇，使民日遷善遠罪而不自知也。（《漢書·賈誼傳》）

「不自知」即是一種潛移默化的作用，「起敬於微眇」揭示了禮與人心的貫通關係。《中庸》云：「仁者人也，親親為大；義者宜也，尊賢為大。親親之殺，尊賢之等，禮所生也。」按照《中庸》的觀點，親親、尊賢是禮產生的根源，也就是說，禮是仁義的外在表現。孟子認為仁義根於人心，為人性所本有，禮作為仁義的外在表現，實際上是與人心相貫通的。既然兩者內外貫通，自然有感應的微妙。強調外在禮儀的規範作用，同時也是對心靈的感通。禮以別尊卑、貴賤，其對心靈的貞定作用表現為「上下序而民志定」：

> 昔先王之制，自天子、公侯、卿、大夫、士，至於皂隸、抱關、擊柝者，其爵祿、奉養、宮室、車服、棺槨、祭祀、死生之制，各有差品。小不得僭大，賤不得踰貴。夫然，故上下序而民志定。（《漢書·貨殖傳》）

「民志定」有雙重含義：其一，尊卑、貴賤各有其等，尊卑、貴賤、賢不肖的秩序以外在的禮儀規範來表現，因其有物質性的禮儀規範的阻隔，處下位者不易產生犯上的意念，故「民志定」。其二，尊卑、貴賤、賢不肖之秩序是德序，上以德服下，故「民志定」。鑒於具有物質特性的禮儀規範對貞定道德

動機的潛移默化的作用，董仲舒特別強調「度制」在文教中的作用。《春秋繁露·度制》云：

> 凡百亂之源，皆出嫌疑纖微，以漸浸稍長至於大。聖人章其疑者，別其微者，絕其纖者，不得嫌，以早防之。聖人之道，眾隄防之類也，謂之度制，謂之禮節。故貴賤有等，衣服有制，朝廷有位，鄉黨有序，則民有所讓而不敢爭，所以一之也。

此處之「一」亦有雙重含義：其一，指秩序之統一，即「貴賤有等，衣服有制，朝廷有位，鄉黨有序」；其二，民志定於一，即上仁愛於下，下尊崇於上，無有非分之心。蘇輿對此作了進一步的解釋：

> 聖人治天下，莫大於使人懷名分而安秩序。《易》一畫而始乾，《春秋》開章變一而書元，胥此意也。而禮由是立矣。（《春秋繁露義證·度制》）

「安」為安心，禮的作用之一是貞定人心。《春秋繁露·服制》云：「飲食有量，衣服有制，宮室有度，畜產人徒有數，舟車甲器有禁。生則有軒冕、服位、貴祿、田宅之分，死則有棺槨、絞衾、壙襲之度。雖有賢才美體，無其爵，不敢服其服；雖有富家多貲，無其祿，不敢用其財。天子服有文章，不得以燕公以朝；將軍大夫不得以燕，命士止於帶緣。散民不敢服雜采，百工商賈不敢服狐貉，刑餘戮民不敢服絲玄纁乘馬，謂之服制。」又《春秋繁露·度制》云：「凡衣裳之生也，為蓋形暖身也。然而染五采、飾文章者，非以為益肌膚血氣之情也，將以貴貴尊賢，而明別上下之倫，使教亟行，使化易成，為治為之也。若去其度制，使人人從其欲，快其意，以逐無窮，是大亂人倫而靡斯財用也，失文采所逐生之意矣。上下之倫不別，其勢不能相治，故苦亂也。嗜欲之物無限，其數不能相足，故苦貧也。今欲以亂為治，以貧為富，非反之制度不可。古者天子衣文，諸侯不以燕，大夫衣祿，士不以燕，庶人衣縵，此其大略也。」衣裳染五采、飾文章，目的在於別尊卑之序，以成教化，總而言之，亦在於「定民志」。董仲舒根據《春秋》的原意，總結了一些與國家興亡密切相關的禮儀制度，以之作為《春秋》立義的重要內容。《春秋繁露·王道》云：

> 《春秋》立義：天子祭天地，諸侯祭社稷，諸山川不在封內不祭。有天子在，諸侯不得專地，不得專封，不得專執天子之大夫，不得舞天子之樂，不得致天子之賦，不得適天子之貴。君親無將，將而

誅。大夫不得世，大夫不得廢置君命。立適，以長不以賢，立子，以貴不以長。立夫人，以適不以妾。天子不臣母后之黨。親近以來遠，未有不先近而致遠者也。故內其國而外諸夏，內諸夏而外夷狄，言自近者始也。(《春秋繁露·王道》)

其中「立適，以長不以賢」，最能體現禮貞定民志的意義。董仲舒主張任賢，而在立嫡上，遵從《春秋》立義之道，原因就在於「立適」具有貞定民志的意義。

餘　論

　　西漢建立之初，為了適應「一統」的歷史潮流，董仲舒創立了天人合一的哲學體系，「援天端」以論人事，賦予天以「仁」的理性內涵，將人們對天的信念與仁、善的道德觀念融為一體，借助天以實現儒家文化的「普世化」，確立了儒學在中國文化史上的主導地位。後世學者對董仲舒哲學的性質有不同的看法，主要的爭論在於董仲舒的儒學是否是純正的儒學，董仲舒是否是「純儒」。古代的學者基本持有兩種觀點，一種觀點認為董仲舒的儒學是原始儒學的繼承與發展，雖然他把人格義的天引入儒學體系，在闡述儒學的方法上與原始儒學不同，但從天人哲學的本質上看，董仲舒儒學所討論的核心問題與原始儒家是相同的，特別是天的道德內涵及元的哲學概念，充分反映了董仲舒的天人哲學繼承了原始儒學的特點。另一種觀點以原始儒學為參照，認為董仲舒的哲學背離了原始儒學注重心性體證的成德之路，董仲舒已經不是真正意義上的儒家。司馬遷、王充批評了董仲舒的神學思想，柳宗元甚至認為董仲舒的儒學「其言類淫巫、瞽史、訛亂後代」(《柳河東集》)。誠然，董仲舒在「援天端」以闡釋儒學的過程中，確實引入了一些背離原始儒學思想的內容，從而對他的哲學體系造成不良影響。從整體上講，主要表現在以下三個方面：信奉人格義的天，粗糙的人副天數觀念，在某種程度上主張君主「術治」。

　　以孔子、孟子為代表的儒家對鬼神采取了「敬而遠之」的態度。周禮重視祭祀鬼神，在孔子的觀念中，祭禮所代表的是一種文化內涵。孔子在回答樊遲問知時主張：「務民之義，敬鬼神而遠之，可謂知矣。」(《論語‧雍也》)子路問事鬼神的問題，孔子明確地告戒他：「未能事人，焉能事鬼？」

（《論語·先進》）孔子的弟子都認為「子不語怪、力、亂、神」（《論語·述而》）。孔子奠定了儒家無神論思想的基礎，而後儒家又形成了無神論傳統。董仲舒在闡釋儒學義理的同時，將天視作「百神之大君」，天在諸神系統中居於至高無上的地位。天主宰著人類社會，天通過天子治理天下，通過「美祥」和「災異」以顯現天對人類社會的關注。天子每年祭天一次，在祭天的儀式完成之後，才能祭祀宗廟和其他的神靈。人格義的天在董仲舒的哲學體系中佔有十分重要的地位，是實現「命以輔義」的關鍵因素。董仲舒以天為「百神之大君」的觀念，與原始儒學的天命觀相去甚遠，違背了原始儒學的無神論思想。

原始儒學講天人合一，是一種道德體驗、道德境界上的合一，如孟子講「儘其心者，知其性也；知其性，則知天矣」（《孟子·盡心》）。牟宗三先生認為原始儒學意義上的天人合一，是一種道德的形上學，在踐仁盡性的無限擴大中，因著一種宇宙的情懷，方能實現天人合一，即「必貫至此境，道德的形上學始能出現」〔註1〕。董仲舒為了實現「命以輔義」的目的，在將天視作「百神之大君」的同時，極力從自然的性狀方面尋找天和人的相似點，形成了人副天數的觀念。人與天的比附是沒有科學根據的，如天與人在數字上表現出某些相似的地方：「求天之微，莫若於人。人之身有四肢，每肢有三節，三四十二，十二節相持而形體立矣。天有四時，每一時有三月，三四十二，十二月相受而歲數終矣。……人之與天，多此類者，而皆微乎，不可不察也。……人生於天而體天之節。」（《春露·官制象天》）再如天與人在某種象徵意義上具有相似的地方：「形體骨肉，偶地之厚也。上有耳目聰明，日月之象也；體有空竅理脈，川谷之象也；心有哀樂喜怒，神氣之類也。觀人之體，一何高物之甚，而類於天也。……是故人之身，首坌而員，象天容也；髮，象星辰也；耳目戾戾，象日月也；鼻口呼吸，象風氣也；胸中達知，象神明也；腹胞實虛，象百物也。百物者，最近地，故要以下，地也。天地之象，以要為帶。頸以上者，精神尊嚴，明天類之狀也；頸而下者，豐厚卑辱，土壤之比也；足布而方，地形之象也。是故禮，帶置紳必直其頸，以別心也。帶而上者，盡為陽；帶而下者，盡為陰。各其分。」（《春露·人副天數》）人副天數在西漢初年的文化背景下，可以使人感覺到人與天之間某種神秘的關

〔註 1〕 牟宗三，《心體與性體》上冊，上海古籍出版社，1999 年 12 月版，頁 148～
149。

聯；但是，這種牽強附會的比附，大大降低了董仲舒的天人體系作爲一門哲學的可信度。

　　儒家實現政治理想的途徑是由內聖而外王，內聖的起點是修身，終點是聖人，聖人的標準是能「明明」德於天下。天子、國君的道德修養、政治修養對實現儒家內聖外王的政治理想有非常重要的意義。孔子和孟子強調天子、國君、賢人的個人表率在教化中的積極作用。董仲舒針對西漢初年社會矛盾尖銳的現實，提出了推行文教應當「反自貴者始」的理論，這與原始儒學的文教觀點基本相同。但是，董仲舒在某種程度上主張君主採用「術治」，以無爲之道駕馭臣下。董仲舒說：「人主者，法天之行，是故內深藏，所以爲神。……故爲人主者，以無爲爲道，以不私爲寶。……爲人臣者法地之道，暴其情，出其情以示人。」（《春秋繁露‧離合根》）又云：「爲人君者，謹本詳始，敬小愼微，志如死灰，形如委衣，安精養神，寂寞無爲」，「君人者，國之證也，不可先倡，感而後應。故居倡之位而不行倡之勢」，「人君貴居冥而明其位，處陰而向陽，惡人見其情而欲知人之心。是故爲人君者，執無源之慮，行無端之事，以不求奪，以不問問。吾以不求奪，則我利矣；彼以不出，則彼費矣。吾以不問問，則我神矣。彼以不對對，則彼情矣。故終日問之，彼不知其所對；終日奪之，彼不知其所出。吾則以明，而彼不知其所亡」（《春秋繁露‧立元神》）。天子、國君深藏不露，臣下竭盡其情，天子、國君處於暗處而臣下處於明處，則天子、國君可駕馭臣下。董仲舒的「術治」理論，與原始儒學注重個人表率作用的文教理念完全相反。另一方面，公羊學旨在闡釋《春秋》的微言大義，「微言」之「微」指人心的微妙，進一步講，「微」意謂著情與欲、善與惡的微妙變化。董仲舒的「元」秩序強調「始」、「微」、「正」，注重道德動機的純正，而「術治」的攻於心計正好與此相反，潛意識地加強了由情向貪欲、善向惡轉化的心理傾向，這是董仲舒哲學體系不可調和的矛盾。

　　當然，以上所陳述的三點弊端並非董仲舒天人哲學的主要思想，僅僅是天人體系的附贅，並不能掩蓋董仲舒哲學的精義。董仲舒哲學的核心在於「援天端」以貞定德性，實現儒家文化在「一統」歷史條件下的「普世化」。他的「性有善質而未能爲善」及「義以正我」的人性理論基本上繼承了原始儒學的人性理念，並在「一統」歷史條件下進行了新的闡釋，使儒家文化面對廣大的黎民百姓，眞正成爲大眾化的文化。

參考文獻

一、書　目

1. 蘇輿，《春秋繁露義證》，北京：中華書局，1992 年。
2. 《董仲舒集》，學苑出版社，2003 年。
3. 《春秋公羊傳注疏》，北京大學出版社，1999 年。
4. 《春秋三傳》，上海古籍出版社，1987 年。
5. 李景林，《教養的本原》，瀋陽：遼寧人民出版社，1998 年。
6. 周桂鈿，《董學探微》，北京：北京師範大學出版社，1989 年。
7. 周桂鈿，《董仲舒評傳》，廣西教育出版社，1995 年。
8. 周桂鈿，《秦漢思想史》，河北人民出版社，2000 年。
9. 周桂鈿，《虛實之辯》，人民出版社，1994 年。
10. 張奇偉，《亞聖精蘊》，人民出版社，1997 年。
11. 王永祥，《董仲舒評傳》，南京大學出版社，1995 年。
12. 余治平，《唯天爲大》，商務出版社，2003 年。
13. 趙吉惠，《中國儒學史》，中州古籍出版社，1991 年。
14. 陳其泰，《清代公羊學》，東方出版社，1997 年。
15. 袁濟喜，《兩漢精神世界》，中國人民大學出版社，1994 年。
16. 康有爲，《春秋董氏學》，中華書局，1990 年。
17. 金春峰，《漢代思想史》，中國社會科學出版社，1987 年。
18. 祝瑞開，《兩漢思想史》，上海古籍出版社，1986 年。
19. 鄧紅，《董仲舒的春秋公羊學》，中國工人出版社，2001 年。
20. 華友根，《董仲舒思想研究》，上海社會科學出版社，1992 年。

21. 於首奎，《兩漢哲學新探》，四川人民出版社，1988 年。

22. 趙吉惠，《中國先秦思想史》，陝西人民出版社，1888 年。

23. 臧振，《蒙昧中的智慧》，華夏出版社，1994 年。

24. 梁漱溟，《中國文化要義》，學林出版社，1987 年。

25. 徐興無，《讖緯文獻與漢代文化構建》，中華書局，2003 年。

26. 冷德熙，《超越神話》，東方出版社，1996 年。

27. 梁漱溟，《東西文化及其哲學》，商務印書局，2000 年。

28. 康德，《純粹理性批判》，商務印書館出版，1960 年。

29. 康德，《實踐理性批判》，商務印書館出版，1999 年。

30. 康德，《未來形而上學導論》，商務印書館出版，1978 年。

31. 康德，《單純理性限度內的宗教》，中國人民大學出版社，2003 年。

32. 康德，《道德形而上學原理》，上海人民出版社，2002 年。

33. 張能為，《康德與現代哲學》，安徽大學出版社，2001 年。

二、論　文

1. 周桂鈿，〈董仲舒天人感應論的真理性〉，《河北學刊》，2001 年第五期。

2. 周桂鈿，〈董仲舒哲學與公羊傳〉，《管子學刊》，1994 年第一期。

3. 張平，〈董仲舒與中國傳統文化的整合〉，《河北學刊》，1998 年第四期。

4. 王永祥，〈董仲舒「獨尊儒術」功過論〉，《河北學刊》，1998 年第四期。

5. 王友才，〈董仲舒《春秋》「解獄」案例評析〉，《河北學刊》，1998 年第四期。

6. 黃開國，〈董仲舒「公羊」學方法論〉，《哲學研究》，2001 年第十一期。

7. 於首奎，〈董仲舒的「仁學」芻議〉，《齊魯學刊》，1994 年第一期。

8. 朱學忠，〈董仲舒的女性誘雨的人類經驗學〉，《學術月刊》，1999 年第六期。

9. 許殿才，〈董仲舒的「三統循環」說〉，《史學史研究》，1996 年第三期。

10. 臧振，〈董仲舒的歷史命運〉，《陝西師大學報》，1999 年第六期。

11. 周乾榮，〈董仲舒的受天監護的君權論〉，《天津大學學報》，1997 年第四期。

12. 馬振鐸，〈董仲舒的天人之學和燕齊方術〉，《河北學刊》，1999 年第一期。

13. 余治平，〈董仲舒的祥瑞災異之說和讖緯流變〉，《吉首大學學報》，2003 年第六期。

14. 梁宗華，〈董仲舒對儒學的構建和意義〉，《東樂論叢》，1996 年第四期。

15. 崔一心，〈董仲舒君權天授說的積極意義〉，《管子學刊》，2002 年第一期。

16. 王永祥，〈董仲舒取法於天的歷史哲學論綱〉，《河北大學學報》，1999 年第六期。

17. 況長清，〈董仲舒儒學理性主義內涵〉，《湖北師範學院學報》，1998 年第五期。

18. 梁宗華，〈董仲舒新儒學體系與道家黃老學〉，《齊魯學刊》，1999 年第六期。

19. 李定生，〈董仲舒與黃老之學〉，《復旦學報》，1995 年第一期。

20. 陳其泰，〈董仲舒與今文公羊學說體系的形成〉，《孔子研究》，1998 年第一期。

21. 錢遜，〈董仲舒與先秦百家爭鳴的終結〉，《清華大學學報》，1995 年第一期。

22. 余治平，〈論董仲舒的天本體哲學〉，《上海交通大學學報》，2002 年第二期。

23. 李宗桂，〈論董仲舒對封建制度文化的整合〉，《學術研究》，1994 年第一期。

24. 徐宏宇，〈論董仲舒對儒學的創造性轉化〉，《上饒師專學報》，1999 年第四期。

25. 王保項，〈論董仲舒五德終始說的影響及終結〉，《史學月刊》，1997 年第二期。

26. 栗玉仕，〈論董仲舒政治與倫理一體化模式〉，《清華大學學報》，1999 年第四期。

27. 賴美琴，〈論董仲舒自然政治與神學政治二律背反〉，《河北學刊》，1999 年第四期。

28. 陳翠芳，〈董仲舒思想對儒學的雙重意義〉，《廈門大學學報》，1998 年第三期。

29. 王漢昌，〈怎樣評價董仲舒〉，《河北大學學報》，1995 年第一期。

30. 劉國民，〈董仲舒「元」的重新詮釋〉，《廣西社會科學》，2003 年第四期。

後　記

　　論文完稿之際，我沒有絲毫的輕鬆，三年以來自己雖然付出了很大的努力，但因學識有限，心裏仍有很多的遺憾！論文醞釀的初期，有很多的想法，希望能有所突破；在寫作的過程中，遇到了很多困難。完稿之後，回過頭來審視全文，發現有很多不足之處！儒學博大精深，雖然我初入其門，但對知識的渴望，將鼓勵我繼續求索。

　　我深深感謝李景林先生三年來對我在學術上的悉心指教和生活上無微不至的關心，先生淵博的知識、深邃的思想、獨到的眼光、嚴謹的學風及為人處事寬厚的學者風範使我受益菲淺。論文初稿完成之後，先生仔細地校讀，不僅就全文的結構提出寶貴意見，而且在字句上細心斟酌。在先生的指導下，我重新調整了論文的結構，多次修改，才得以完成。感謝先生對我的幫助和教誨！

　　在三年的學習和生活中，周桂鈿先生、鄭萬耕先生、董志鐵先生、張奇偉先生、李祥俊先生都給了我很大的幫助，衷心感謝他們對我的教誨！他們對學術的嚴謹態度及孜孜不倦的求學精神將激勵我不斷努力！

　　在論文的寫作過程中，幾位師兄和師弟也給了我莫大的幫助。與華軍、張連偉、郭君銘三位師兄的交往，我不僅在專業上收穫頗豐，而且在為人處事方面也有很大的進步。田智忠、吳樹勤、彭耀光、陳多旭、許家星、陳青春幾位師弟為人誠懇，待人周到，他們的學識對我有很大的啟發。在此，祝各位師兄、師弟學業有成，前程似錦！

2006 年 4 月 13 日